Karl Stückler

Cider, Most & Apfelwein selbst gemacht

stv

Karl Stückler

Cider, Most & Apfelwein

selbst gemacht

Leopold Stocker Verlag
Graz – Stuttgart

Umschlaggestaltung, Layout und Repro:
DSR Werbeagentur Rypka GmbH, 8143 Dobl/Graz, www.rypka.at
Titelbild: © Wunderkastl / Herbert Wieser

Bildnachweis:
Bilder ohne Bildnachweis wurden dem Verlag freundlicherweise
vom Autor zur Verfügung gestellt.

Bibliografische Information der Deutschen Nationalbibliothek:
Die Deutsche Nationalbibliothek verzeichnet diese Publikation in der
Deutschen Nationalbibliografie; detaillierte bibliografische Daten sind
im Internet unter http://dnb.d-nb.de abrufbar.

Hinweis: Dieses Buch wurde auf chlorfrei gebleichtem Papier gedruckt. Die zum Schutz vor Verschmutzung verwendete Einschweißfolie ist aus Polyethylen chlor- und schwefelfrei hergestellt. Diese umweltfreundliche Folie verhält sich grundwasserneutral, ist voll recyclingfähig und verbrennt in Müllverbrennungsanlagen völlig ungiftig.

Auf Wunsch senden wir Ihnen gerne kostenlos unser Verlagsverzeichnis zu:
Leopold Stocker Verlag GmbH
Hofgasse 5/Postfach 438
A-8011 Graz
Tel.: +43 (0)316/82 16 36
Fax: +43 (0)316/83 56 12
E-Mail: stocker-verlag@stocker-verlag.com
www.stocker-verlag.com

ISBN 978-3-7020-2077-4

INHALT

Foto: shutterstock.com/Ina Bichescu

Foto: shutterstock.com/Susanne Elsig-Lohmann

VORWORT

Apfelwein, Obstmost, Gärmost oder einfach nur Most – es gibt viele Bezeichnungen für das durstlöschende, alkoholarme, harmonisch schmeckende Getränk aus Äpfeln und Birnen mit gebietstypischen Eigenschaften.

Der positive Trend hin zum Obstwein kann nur dann aufrecht erhalten werden, wenn beste Qualität erzeugt wird. Dafür ist aber wiederum entsprechendes Fachwissen notwendig. Im Rahmen meiner Beratungs-, Kurs- und Lehrtätigkeit konnte ich feststellen, dass ein großer Bedarf an fundierter Fachliteratur zu diesem Thema besteht.

Mein Ziel war es, ein leicht verständliches Buch zu schreiben, welches gut gegliedert ist und alle Punkte enthält, die für die fachlich richtige Gär- und Süßmostproduktion von Wichtigkeit sind. Zahlreiche Grafiken sollen zum besseren Verständnis der beschriebenen Produktionsabläufe dienen.

Die einzelnen Kapitel in diesem Buch sind nach dem Produktionsablauf geordnet. Es wurde auch versucht, grundlegendes theoretisches Wissen einfach und ausreichend darzustellen, so dass der Leser entsprechende Hintergrundinformationen und Begründungen erhält.

Dieses Buch soll sowohl dem Eigenversorger mit Most als auch dem, der aus seiner Mostproduktion einen eigenen Betriebszweig aufgebaut hat, Antwort geben.

Gutes Gelingen wünscht der Verfasser

Karl Stückler
Warth, Frühjahr 2023

EINLEITUNG

Das Ziel des Produzenten muss es sein, ein bekömmliches, qualitativ hochwertiges und vor allem ein stabiles Getränk in ansprechender Verpackung herzustellen. Um dieses Ziel zu erreichen, ist es notwendig, sich mit vier Problemkreisen auseinanderzusetzen:

- Wissen um das Produkt Most
- Hygiene
- Produktionstechnik
- Aufmachung, Präsentation und Marketing

Nur wenn Wissen, Sauberkeit, Produktionstechnik und Marketing in einem klaren Verhältnis zueinander stehen, wird es möglich sein, das eigene Produkt zu einem entsprechend guten Preis zu verkaufen. Im Vergleich zu Traubenwein ist es beim Obstwein schwieriger, diesen Anforderungen gerecht zu werden, da der Alkoholgehalt im Traubenwein um die üblichen zwölf Volumenprozent (% vol.) liegt, Obstmost nur ca. die Hälfte davon enthält. Dieser Umstand verursacht Schwierigkeiten bei der Erzielung eines stabilen Produktes, da Alkohol bekannterweise ein Konservierungsstoff ist.

Der Hygiene kommt daher während des gesamten Erzeugungsablaufes besondere Bedeutung zu, da Obstmost aus dem oben genannten Grund nur sehr schwache „Abwehrkraft" gegen schädliche Mikroorganismen hat.

Infektionen können jederzeit eintreten und das Getränk verderben. Nur aus einem reifen, gesunden und sauberen Ausgangsmaterial ist es möglich, ein gutes Endprodukt herzustellen. Es muss daher das Ziel sein, die im Obst enthaltene Natürlichkeit, Frische, Gesundheit und Fruchtigkeit bei der Verarbeitung möglichst zu erhalten.

Der Konsument will in Zukunft nicht nur mehr essen und trinken, sondern besser essen und trinken. Das bedeutet, dass höchste Qualität verlangt wird. Wir erreichen das aber nur, indem wir noch besser erzeugen und noch besser anbieten und präsentieren. Dieses Buch soll helfen, diesem Ziel einen Schritt näher zu kommen.

ALLGEMEINES

Die Rahmenbedingungen, unter denen produziert wird, wirken sich naturgemäß stark auf die Qualität des Endproduktes aus. Sie sind neben dem Wissen und der Hygiene eine der „Qualitätssäulen".

Die Ausstattung eines Kellers muss nicht immer dem neuesten technischen Stand entsprechen. Saubere, gut funktionierende Altgeräte erfüllen auch ihren Dienst. Da immer im Hinblick auf die Kosten-Nutzen-Rechnung gearbeitet werden muss, sind Gebrauchtkäufe aus Weinkellereien oft sehr sinnvoll. Bei einigen Bereichen darf aber nicht gespart werden. Dies gilt vor allem für den Platzbedarf, d. h. für die Räumlichkeiten. Presshaus, Keller und Lagerräume müssen ausreichend vorhanden sein sowie noch Möglichkeit für eine weitere Ausweitung bieten, um einen reibungslosen arbeitswirtschaftlich guten Ablauf zu garantieren.

Pressraum

DAS PRESSHAUS

INFO!

Bei der Planung eines Presshauses ist immer die Frage zu stellen: „Wie geht es arbeitswirtschaftlich einfacher?" Eine genaue Planung erspart Zeit und Geld.

Presshaus und Keller bilden im Normalfall eine Einheit. Ihre Lage zueinander soll so sein, dass Transportwege kurz und einfach sind. Bei der Flaschenabfüllung ist das Presshaus meist auch Abfüll- und Manipulationsraum. Größere Betriebe sollten Press- und Füllraum trennen. Groß genug können sowohl Presshaus als auch Manipulationsräume nie sein!

Bei der Einrichtung eines Presshauses ist auf den arbeitswirtschaftlichen Ablauf zu achten.

Allgemeine Anforderungen an das Presshaus

- Kalt- und Warmwasseranschlüsse
- Elektrische Anschlüsse, abgestimmt auf die Anschlusswerte der Maschinen inkl. möglicher Erweiterungen
- Seitenwände abwaschbar
- Arbeitsgerechte Beleuchtung
- Boden im Idealfall mit fugenloser Beschichtung und einer Abflussrinne aus nichtrostendem Edelstahl
- Türen: lichte Weite mind. 100 cm ohne Schwelle, wodurch der Einsatz von Palettenhubwägen möglich ist.

DER KELLER

Allgemeine Anforderungen

- **Temperatur:** 8–12 °C. Damit sich durch das Betreten des Kellers dieser nicht erwärmt, sollten Temperaturschleusen vorhanden sein, wie z. B. Doppeltüren im Abstand von wenigen Metern.
- **Feuchtigkeit:** Bei Holzfässern 70–80 % relative Luftfeuchtigkeit – für Tanks und Zisternen soll es möglichst trocken sein.
- **Lüftung:** Obstmost nimmt leicht Fremdgerüche auf, weshalb ständige Reinigung und Lüftung des Kellers wichtig sind.
- **Kellerboden:** Für Holzfässer genügt ein betonierter Mittelgang; unter den Fässern sollte gewachsener Boden mit Kies überdeckt sein. Für alle anderen Fassbauarten muss der Boden betoniert und mit einem säure- und laugenfesten Belag versehen sein sowie ein Gefälle von mind. 2 % hin zu nicht rostenden Abflussrinnen haben, die leicht zu reinigen sind.
- Kalt- und Warmwasseranschlüsse
- Schwach- und Starkstromanschlüsse
- 1.000 Liter Gärgut ergeben ca. 25.000 Liter Kohlendioxid (CO_2). Aus Sicherheitsgründen muss entweder eine bauliche Entlüftungseinrichtung vorhanden sein, oder wenn dies nicht möglich ist, ein Kellerentlüftungsgebläse installiert werden.

Mostkeller

Foto: shutterstock.com/Vera Prokhorova

HÄUSLICHE GÄRMOSTBEREITUNG

OBST

- Bei der Erzeugung von Gärmost kommt der Rohstoffauswahl große Bedeutung zu. Je nach Gebiet wird mehr Birnen- oder mehr Apfelmost erzeugt.
- Neben dem typischen Mostobst eignet sich auch Tafelobst zur Gärmostbereitung, sofern es nicht zu wenig Säure aufweist. Interessante Geschmacksrichtungen können durch sortenreine Moste hergestellt werden. Dies bezieht sich nicht nur auf Tafelobst – besonders alte Sorten gewinnen dadurch an Stellenwert, und dem Konsumenten kann die Vielfalt der heimischen Natur geschmacklich nähergebracht werden. Sortenreine Moste können das Angebot sowohl in einer Buschenschank als auch bei einem Flaschenverkäufer bereichern.
- Der Transport und die Lagerung dürfen nicht in Kunststoffsäcken erfolgen, da das Obst darin nicht atmen kann. Es beginnt sich darin innerhalb kürzester Zeit zu zersetzen. Durch diesen Zersetzungsprozess sinkt der Säuregehalt des Obstes. Am geeignetsten ist der Transport in Jutesäcken oder am einfachsten lose auf Anhängern.

Achten Sie schon beim Sammeln auf Fehler an den Früchten und sortieren Sie nach Qualität.

Foto: © Landwirt-Media / Angelika Leitner

Loses Obst vor dem Pressen

Abbildung 1: Die häusliche Gärmostbereitung

Obst

Nur gesundes und reifes Obst verwenden!

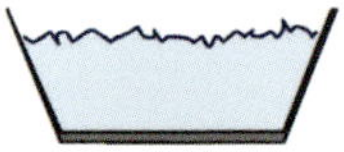

Waschen

Jedes zur Verarbeitung gelangende Obst muss gewaschen werden.

Pressen

Rasches Pressen; Gärbehälter in kurzer Zeit füllen; Presse täglich waschen!

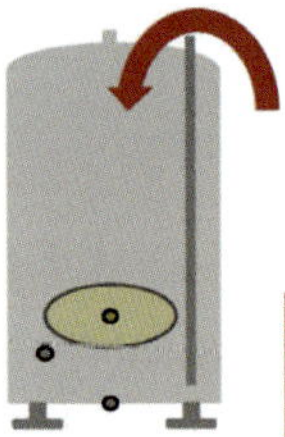

Presssaftbehandlung

Zucker und Säure messen – bei Bedarf korrigieren, Reinzuchthefe beigeben.

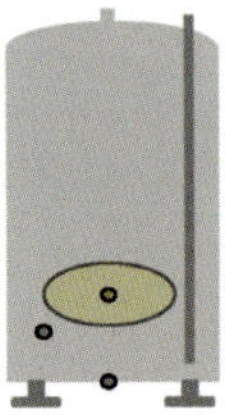

Gärung

Zu 90 % füllen; mit Gärspund verschließen.

Gärtemperatur: 15–18 °C

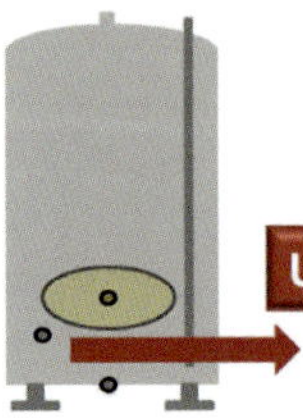

Umfüllen

Nach beendeter Gärung den vergorenen Most in einen sauberen Behälter umfüllen; das Hefedepot wird zurückgelassen. Den neuen Behälter vollfüllen; Zugabe von 10 g Kaliumpyrosulfit (Schwefel) pro 100 Liter. Nachdem sich der Most geklärt hat, kann ein zweites Mal umgefüllt werden; das Umfüllen hat ohne Luftberührung zu erfolgen.

Gewissenhaftes Sortieren

Waschen und Sortieren

Bevor das Obst gemahlen wird, soll es gewaschen und sortiert werden. Schon ein geringer Anteil angefaultes Obst beeinflusst später den Geschmack und die Haltbarkeit des Mostes negativ. Am einfachsten lässt sich das Obst in einem mit Wasser gefüllten Trog reinigen. Mit einem Korb kann das Obst entnommen werden. Schmutz und Fremdkörper (Steine) bleiben zurück.

INFO!

Vor dem Mahlen wird das Obst nochmals mit Wasser abgespült.

Schabermühle

Waschen des Obstes mit Korb

Maischen und Pressen

Das Maischen hat die Aufgabe, die Zellwände zu zerstören. Dadurch fließt der Saft besser ab. Die Feinheit der Maische wird so an der Mühle eingestellt, dass die Kerne noch nicht zerschlagen werden. Die Maische wird rasch weiterverarbeitet, um Infektionen durch Bakterien zu vermeiden.

Sowohl Maische als auch Presssaft und später der vergorene Most dürfen nicht mit Eisenteilen in Berührung kommen, es sei denn, diese Teile sind mit lebensmittelechter Farbe gestrichen.

Packpresse

Für den Hobbyobstverarbeiter kommen drei Presssysteme in Frage (Details ab Seite 26):

- Korbpressen
- Packpressen
- Hydropressen

PRESSSAFTBEHANDLUNG (PRESSSAFTEINSTELLUNG)

Ausschlaggebend für die Harmonie eines Obstweines ist das Zucker-Säure-Verhältnis des Presssaftes. Wird reifes, gesundes Obst im richtigen Mischungsverhältnis (Äpfel : Birnen) verarbeitet, kommt es selten zu Problemen. Zur Sicherheit sollten aber sowohl der Zucker- als auch der Säuregehalt im noch nicht angegorenen Presssaft gemessen werden. Wenn es notwendig ist, können Korrekturen dieser Werte durchgeführt werden (Näheres dazu siehe Kapitel „Presssaftuntersuchung“, Seite 32).

Um Gärmost bester Qualität erzeugen zu können, spielt neben dem Ausgangsmaterial auch der Ablauf der Gärung eine entscheidende Rolle. Es wird eine zügige, reine und vollkommene Gärung verlangt. Um dies zu erreichen, bedarf es der Zugabe von 20 g Trockenreinzuchthefe pro

Ein rascher Gärbeginn schützt vor Fehlgärungen.

Geklärter Presssaft

100 Liter Presssaft (Gebrauchsanweisung beachten), welche im einschlägigen Fachhandel erhältlich ist.

Das früher übliche „Wässern“ des Presssaftes ist zu unterlassen, da dadurch die vorhandenen Inhaltsstoffe verdünnt werden. Der Gärmost neigt dann eher zum Verderben.

Gärführung

Der Gärbehälter soll rasch (innerhalb eines Tages) gefüllt werden, wobei ein Steigraum von 1/10 des Fassinhaltes frei bleiben soll. Dieser Freiraum ist notwendig, damit der durch die Gärung gebildete Schaum nicht austreten kann. Dieser Schaum würde sich ansonsten an der Fassaußenwand bzw. am Kellerboden zu zersetzen beginnen, so dass Essigsäure entsteht. Diese entstandene Essigsäure würde wiederum den Fassinhalt infizieren. Das Fass wird mit einem Gärspund verschlossen. Dieser lässt die Gärgase austreten, so dass Sauerstoff und Krankheitserreger nicht ins Fass können. Der Gärspund kann mit einer speziellen Sperrflüssigkeit oder auch mit Wasser befüllt werden. Im zweiten Fall muss das Wasser alle sieben Tage gewechselt werden.

Hefen benötigen, damit sie rasch arbeiten können, eine Temperatur von 15–20 °C. Unter 10°C besteht die Gefahr, dass die Gärung stockt. Näheres im Kapitel „Gärung“ ab Seite 43).

INFO!

Die ideale Gärtemperatur beträgt 18 °C.

UMFÜLLEN (ABZIEHEN)

Während der Gärung wandelt die Hefe den vorhandenen Zucker in Alkohol um. Ist die Gärung beendet und somit auch der gesamte Zucker verarbeitet, so beginnt die Hefe mangels Nährstoffen abzusterben.

Die abgestorbene Hefe sinkt nieder – es bildet sich am Fassboden ein „Geläger“. Bleibt der vergorene Most auf diesen abgestorbenen Hefezellen liegen, tritt ein Abbau der Säure ein, und der Most wird im Geschmack fad und neigt zum Zähwerden.

- Bei dieser Gelegenheit ist eine Schwefelung (12 g Kaliumpyrosulfit pro 100 Liter) zu geben, da dadurch die Neigung zum Verderb unterbunden wird.
- Ein zu geringer Säuregehalt kann ebenfalls zu diesem Zeitpunkt mit Zitronen- oder Äpfelsäure aufgebessert werden. (Details dazu siehe Kapitel „Säureaufbesserung“, Seite 55)
- Das neue Fass ist spundvoll zu füllen. Eine ständige Überwachung des Mostes hinsichtlich Säuregehalt ist anzuraten. Verluste durch Schwund sind zu ersetzen. Beim Abzug von einem in das andere Fass darf der Gärmost nicht mit Luft in Berührung kommen. Steht dazu keine geeignete Weinpumpe (z. B. Impellerpumpe) zur Verfügung, so ist mittels Kübel und Schlauch, der bis auf den Fassboden reicht, umzuziehen.

Mit einer Impellerpumpe lässt sich der vergorene Most ohne Luftzutritt vom Geläger abziehen und in ein neues Fass überführen.

PROFESSIONELLE GÄRMOSTBEREITUNG

OBST

Die Vielfallt der verwendeten Obstsorten ist sehr groß. Jedes Gebiet hat seine entwicklungsgeschichtlich und klimatisch angepassten Obstsorten. Dementsprechend groß ist auch die Palette der möglichen Produkte. Der Bogen spannt sich vom Apfel- und Birnenmischling über die Mischlingsmoste aus Äpfeln und Birnen bis hin zu den sortenreinen Produkten.

Gerade sortenreine Moste sind eine große Bereicherung der Produktpalette.

INFO!

Da nur aus einem entsprechend hochwertigen Ausgangsmaterial eine hohe Endqualität erzielt werden kann, sind folgende Ansprüche an das Obst zu stellen:

- vollkommene Reife – damit verbunden ein hoher
- Extrakt- und Zuckergehalt
- gesunde sortierte Ware (keine Faulstellen)
- gewaschen

Faules, unreifes Obst darf nicht zur Verarbeitung gelangen. Ein wie oft übliches Ausschneiden von Faulstellen ist zu unterlassen. Nicht nur, dass es eine Arbeitskraft erfordert, welche anderswo (z. B. beim Sortieren) besser eingesetzt werden könnte, auch der Erfolg ist sehr fraglich, da eine Faulstelle immer nur der sichtbare Teil ist. In Wirklichkeit ist bereits die gesamte Frucht befallen. Merkbar wird dies aber meist erst im vergorenen Getränk, wo dann die Harmonie des Geschmackes nicht mehr gegeben ist.

TIPP!

Der Sortierung ist größtes Augenmerk zu schenken.

Gerade bei der Produktion von Obstmost ist auf die Sauberkeit von Mensch, Obst und Gerät besonders zu achten. Kleine Fehler am Beginn der langen Arbeitskette können sich zu großen Problemen bis hin zum Verderb des Produktes auswachsen.

Abbildung 2: Die professionelle Gärmostbereitung

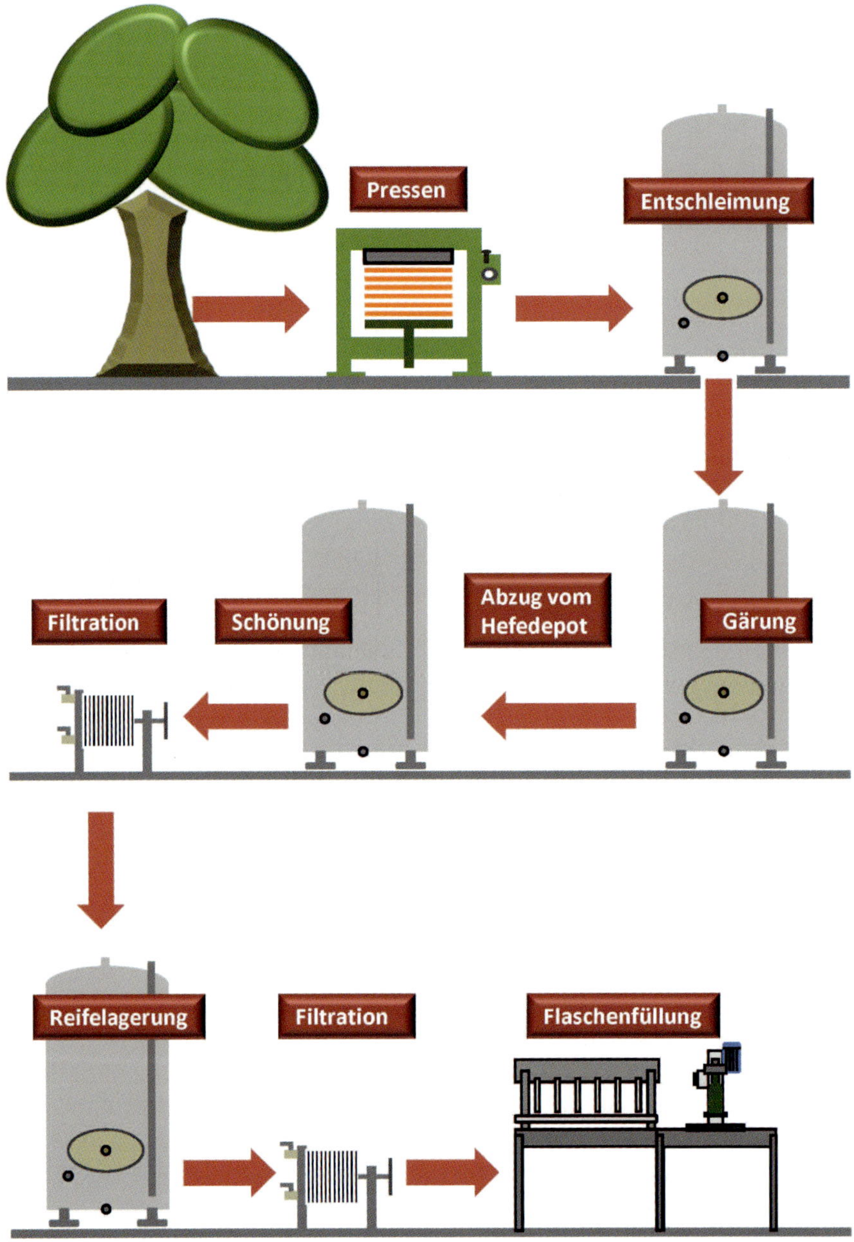

Tabelle 1: Unterschiede zwischen Birnen- und Apfelmost

	Farbintensität	Säuregehalt	Alhoholgehalt
Reiner Birnenmost	gering	gering	hoch
Reiner Apfelmost	hoch	hoch	gering

INFO!

Wenn es die Ernte zulässt, würde ein Verhältnis von 1/3 Birnen mit 2/3 Äpfeln ein ideales Säure-Zucker-Verhältnis und somit ein ausgewogenes Geschmacksbild ergeben.

Obsttransport mit Großkisten

Die in Tabelle 1 aufgeführte Aufstellung bezieht sich auf den großen Durchschnitt der Apfel- und Birnensorten. Einzelne Sorten können aus dieser verallgemeinernden Aufstellung sehr stark ausbrechen.

Obstbaumpflege

Die Basis für die Endqualität eines Obstweines wird am Baum gelegt. Die Pflege alter Streuobstbäume ist nicht nur aus ökologischer Sicht sinnvoll. Streuobstbäume sind ein wichtiges Element unserer Kulturlandschaft. Durch geeignete Maßnahmen können diese lange in einem gesunden und ertragreichen Zustand erhalten werden.

Je mehr Sonne die Frucht erhält, desto schmackhafter, zucker- und aromareicher wird sie auch werden. Die fachgerechte Obstbaumpflege legt den Grundstein für höchste Qualität im Fass.

WASCHEN

Das gesamte Obst ist unbedingt zu waschen, gleichgültig ob es vom Acker oder von der Wiese stammt. Eine Unzahl von Mikroorganismen haftet an der Oberfläche. Diese können Fehlgärungen verursachen, die nur mehr schwer zu behandeln sind. Schmutzteilchen werden ebenfalls entfernt, die ansonsten im Presssaft gelöst werden würden. Mit einem einfachen Bottich ist dieses Problem leicht zu lösen. Während des Waschvorganges kann das Obst nochmals sortiert werden, und Fremdkörper können entfernt werden. Besonders bei der Verwendung von Obstklaubmaschinen wird ein hoher Anteil an Fremdkörpern, wie kleine Aststücke, Gras, Laub und Schmutz, mit aufgelesen.

Aber auch große vollautomatische Waschanlagen mit Gebläse, Rührwerk, Fördereinrichtung und aufgebauter Obstfräse werden angeboten. Entscheiden wird letztendlich die zu verarbeitende Obstmenge bzw. die personelle Situation.

MAISCHEN

Durch das Zerkleinern des Pressobstes (z. B. mit Schabermühle oder Schleuderfräse) soll das Zellgewebe so gut wie möglich zerstört werden, wobei die Kerne nicht beschädigt werden dürfen. Maische, aber auch Presssaft und der spätere Gärmost dürfen nicht mit Eisenteilen in Berührung kommen (nur Edelstahl, Kunststoff, Holz, beschichtetes Eisen).

Schabermühle

INFO!

Zerkleinern Sie das Obst so fein wie möglich, jedoch dürfen die Kerne nicht zerstört werden.

Schleuderfräse

Eine Reihe von Aktivitäten werden im Fruchtfleisch ausgelöst:

- Durch das Zerkleinern beginnen die in jeder Frucht vorhandenen Pektinasen (Enzyme) das Pektin abzubauen – die Maische wird bei längerer Standzeit flüssiger.
- Durch den Sauerstoffzutritt (Luft) beginnt die Maische dunkler zu werden (Oxidation).

ACHTUNG!

Kontakt der Maische mit Eisenteilen vermeiden!

Maischebehandlung

Die durch die Mühle gewonnene Maische kann entweder sofort weiterverarbeitet oder zwecks Verbesserung der Aufschließung behandelt werden.

Ezymierung

Durch den Zusatz von pektinspaltenden Enzymen wird die Viskosität der Maische erniedrigt, wodurch die Ausbeute erhöht und die Presszeit verkürzt wird. Weiters kommt es in der Folge im Presssaft zu einem rascheren Absetzen des Trubes und somit zu einer rascheren Presssaftklärung. Die optimalen Einsatzbedingungen für diese Enzyme sind jedoch so schwer zu erfüllen, dass die praktische Verwirklichung nur für Betriebe möglich ist, die eine entsprechende Ausstattung aufweisen (Näheres, siehe Kapitel „Enzyme“, Seite 81).

Stehenlassen der Maische

Lässt man die Maische über längere Zeit stehen, so kann man beobachten, dass sich am Maischebottichboden Saft sammelt. Der Grund ist der, dass durch die lange Standzeit die im Obst vorhandenen Enzyme tätig werden. Sie zerlegen die Zellwände – der Zellsaft läuft aus – beim Pressen könnte dadurch die Ausbeute erhöht werden.

Durch die langen Standzeiten ist die Maische jedoch ungeschützt jeder Infektion ausgesetzt. Von dieser Behandlungsmethode ist daher bei Kernobstmaischen abzuraten.

Beerenobstmaischen, welche durch den hohen Pektingehalt sehr schwer abzupressen sind, sollten leicht erwärmt und enzymiert werden.

INFO!

Lange Standzeiten der Maische sind zu vermeiden!

Schwefeln der Maische

Vom Standpunkt eines möglichst niedrig zu haltenden Schwefelgehaltes im Obstmost kann man auf die Schwefelung der Maische verzichten. Reifes und gesundes Obst braucht keine spezielle Schwefelung der Maische.

Eine frühzeitige Schwefelung soll vor Braunwerden (Oxidation) und vor allem vor Infektionen (Essigbakterien) schützen (siehe Kapitel „Schwefelung“, Seite 56).

INFO!

Schwefelung schützt vor Oxidation und Infektion.

Maische- und Presssaftbehandlung bei hohem Faulobstanteil

Bei sorgfältiger Ernte und Sortierung dürfte diese Situation nicht eintreten. Hat man aber trotzdem mit dieser Situation zu kämpfen (Zukauf etc.), so muss eine gezielte Behandlung erfolgen.

Im Maischestadium wird man auf eine stärkere Schwefelung nicht verzichten können, um eine Entwicklung der Krankheitserreger zu unterdrücken (20 g/100 Liter Maische).

Rasches Abpressen sowie eine stärkere Vorklärung sind die weiteren Behandlungsschritte. Faules Obst ergibt mehr Trub im Presssaft, welcher durch die Vorklärung (Entschleimung) verringert wird (siehe „Entschleimung des Presssaftes“, Seite 39). Vorteilhaft ist die Behandlung des Presssaftes mit einer stärkeren Bentonitschönung (200 g/100 Liter), welche Fremdtöne bindet.

Anschließend wird mit einer gärkräftigen Reinzuchthefe vergoren. Solche Moste sollten getrennt vergoren werden.

INFO!

Maischen mit hohem Faulobstanteil getrennt vergären.

PRESSEN

Entscheidend für die Qualität des Saftes sind ein möglichst kurzer Saftweg, ein geringer Pressdruck und eine rasche Weiterverarbeitung, da andernfalls Bräunungen und Aromaveränderungen durch Oxidationen auftreten.

Wichtig zu wissen ist, dass höhere Drücke keine höhere Saftausbeute ergeben. Je größer die Zahl der aufgeschlossenen Zellen, d. h. zerstörten Zellen, im Fruchtgewebe ist, desto größer ist auch die Abfließgeschwindigkeit des Saftes und die Saftausbeute. Die Presse hat nicht die Aufgabe, die Zellen zu zerdrücken (Auspressen), sondern nur den Saft abzutrennen. Von großem Einfluss ist die jeweilige Schichtstärke des Presskuchens.

Bei dünnen Maischeschichten (Packpressen) kann mit höheren Drücken, bei dicken Presskuchen (Korbpressen) muss mit niedrigerem Druck gearbeitet werden. Ein hoher Pressdruck verengt oder verschließt nur die Saftablaufkanäle und verzögert den Pressvorgang.

INFO!

Höhere Drücke ergeben keine höhere Saftausbeute.

Auch das Halten des Druckes über längere Zeit, oft über eine ganze Nacht hin, wie es noch vielfach praktiziert wird, hat mehr Nachteile als Vorteile. Der Gerbstoffgehalt und die Infektionsgefahr steigen enorm an. Kurze, häufigere Druckfolgen sind wirksamer. Es ist daher notwendig, die Mühlen sehr fein einzustellen, um einen optimalen Maischeaufschluss zu erhalten.

TIPP!

- Rasch pressen – Gärbehälter in einem oder max. zwei Tagen befüllen
- Presse täglich mit Spezialreiniger waschen

Anforderungen an die Presse:

- Schonende Behandlung bei maximaler Saftausbeute
- Kontinuierliches Arbeiten bei möglichst geringem Arbeitskraftbedarf
- Geringer Trubgehalt im Presssaft
- leichte Reinigung der gesamten Anlage

Packpressen

Diese sind ideal geeignet für das Pressen von Äpfel und Birnen. Durch die dünne Kuchenform ist der Saftweg nur sehr kurz. Daraus ergibt sich eine relativ hohe Pressleistung bei gleichzeitig hoher Saftausbeute. Der abfließende Presssaft ist sehr trubarm.

Die Packpresse ist dann für ein kontinuierliches Arbeiten geeignet, wenn sie mit zwei oder, wie manche Fabrikate, mit drei Biets (Wannen unter dem Maischestoß) ausgestattet ist. Dadurch sind hohe Stundenleistungen unter schonendster Bearbeitung möglich.

Sowohl der etwas höhere Arbeitskraftbedarf als auch das schwierigere, aber täglich notwendige Reinigen der Presstücher kann als Nachteil genannt werden.

Die Maische wird in Presstücher „gepackt“ und mit Zwischenlagen erfolgt der Stapelbau.

Presseinlagen nach der Reinigung zum Trocknen aufgestellt

Hydropressen

Für geringere Obstmaischen sind am Markt wartungsarme und günstige Hydropressen erhältlich. Sie funktionieren mit Wasserdruck, der die innere Gummimembran vergrößert und so die Maische auspresst.

Korbpressen

Korbpressen sind an sich reine Traubenpressen und für die Verarbeitung von Kernobst zwar geeignet, aber nicht optimal. Aufgrund des großen Maischekuchens ergeben sich geringere Ausbeutesätze. Dies wird zum Teil mit langen Presszeiten auszugleichen versucht. Dabei erhöht sich der Gerbstoffgehalt des ablaufenden Presssaftes sehr stark bei gleichzeitig sinkender Pressleistung. Durch die lange Standzeit besteht die Gefahr der beginnenden Gärung bereits an der Presse in Verbindung mit einer schädlichen Mikroorganismenvermehrung.

Ein weiterer Nachteil besteht darin, dass Maische aus dem Presskorb „ausfahren“ kann.

Hydropresse

All diese Nachteile versucht man mit Einlagen aus Holz oder Kunststoff bzw. mit Kunststoffnetzen, die auf der Innenseite des Korbes befestigt werden, zu kompensieren. Sollte die Anschaffung einer neuen Presse überlegt werden, so ist auf all dies Rücksicht zu nehmen.

Abbildung 3: Unterschiede zwischen Korbpressen ohne und mit Einlagen

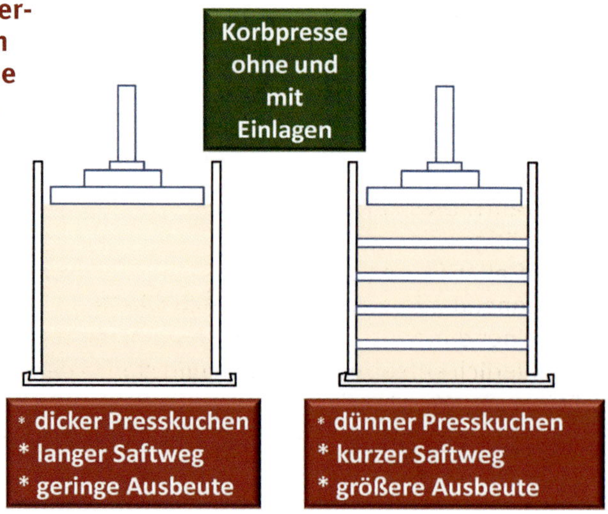

Bandpresse

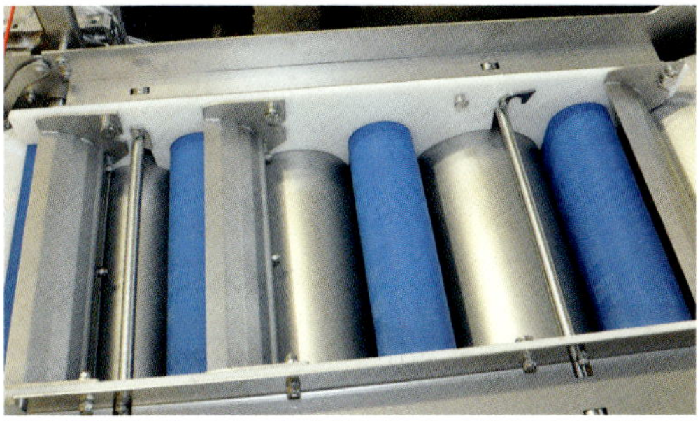

Einbandpresse mit Umlenk- und Druckrollen

Elevator mit Waschanlage, aufgesetzter Mühle und Einbandpresse

INFO!

Korbpressen: Einfach aber hoher Arbeitsaufwand bei geringer Ausbeute.

Bandpressen

Für den überbetrieblichen Einsatz haben sich Bandpressen bewährt. Diese arbeiten kontinuierlich und benötigen den geringsten Arbeitskraftbedarf aller Systeme. Die Obstmaische wird schonend mit leicht ansteigendem Druck in einer dünnen Schicht von ca. 3–5 cm kontinuierlich entsaftet. Die Durchlaufzeit beträgt wenige Minuten. Nach Beendigung des Pressvorganges werden die Trester vom Band gestreift.

Waren früher zwei Bänder beim Pressvorgang beteiligt, so hat sich heute am Markt die Einbandpresse durchgesetzt. Der Grund liegt an dem geringeren Trubanteil im abfließenden Saft.

TIPP!

Bandpressen sind nur für Großbetriebe rentabel.

Tankpressen

Diese stammen ursprünglich aus dem Weinbau und sind in der Funktionsweise der Hydropresse sehr ähnlich. Wird bei der Hydropresse die Membran (Balg) mit Wasser befüllt, ist es bei den Tankpressen Druckluft. Bei größeren Obstverarbeitungsbetrieben wird dieser Pressentyp immer belieb-

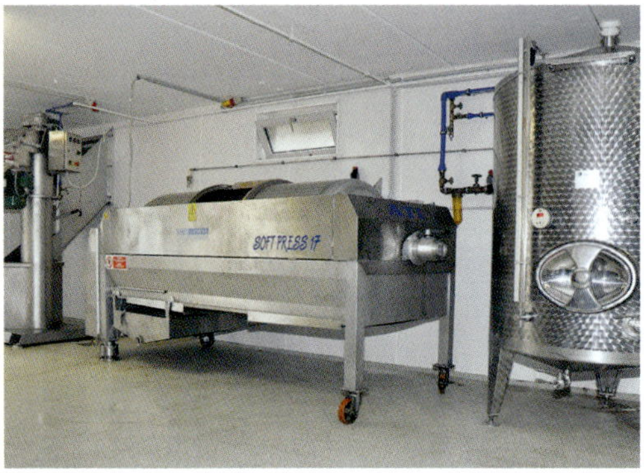

Wasch- und Mühlanlage mit Tankpresse und Entschleimungstank

Gummimembran im Inneren der Tankpresse

ter, da während des Pressvorgangs keine Arbeitskraft an der Presse benötigt wird. Maischemengen bis zu 2.000 Liter sind innerhalb von 1–2 Stunden in hoher Qualität mit geringem Trubanteil verarbeitbar.

INFO!

Tankpresse: Hohe Mengenleistung bei geringem Arbeitskraftbedarf

PRESSSAFT

Presssaftuntersuchung

Jeder Mostbereiter sollte in der Lage sein, eine Reihe einfacher Untersuchungen durchzuführen. Die Untersuchungsergebnisse bilden die Grundlage der weiteren Behandlung des Presssaftes. Zu den wichtigsten Untersuchungen zählen:

1. Zuckerbestimmung

Die Zuckerbestimmung beruht auf dem Prinzip der Dichtemessung. Es stehen dazu zwei Möglichkeiten zur Verfügung:

- Zuckerwaage
- Refraktometer

Zuckerwaage (Mostspindel, Mostwaage)

Je geringer die Dichte einer Flüssigkeit ist, d. h., je zuckerärmer der Presssaft ist, umso tiefer sinkt die Mostwaage (Spindel) ein.

Bei der Zuckerbestimmung mit der Mostwaage ist Folgendes zu beachten:

- Die Mostwaage muss rein und trocken sein.
- Der Most muss möglichst klar sein und nicht gären.
- Die Mosttemperatur muss mit der Eichtemperatur der Waage übereinstimmen.
- Richtiges Ablesen der Spindel (ob von oben oder unten abgelesen werden muss, ist auf der Mostwaage angegeben). Ist nichts angegeben, so ist von unten abzulesen!

Ein sauberer Standzylinder wird mit dem zu messenden Süßmost gefüllt. Die Spindel wird nun langsam ohne Wandberührung in den Zylinder eingetaucht. Durch leichtes Drehen und Herausziehen werden anhaftende Gasbläschen entfernt. Nach Beruhigung der Messspindel kann abgelesen werden.

Die Klosterneuburger Mostwaage (KMW) gibt den Zuckergehalt des Presssaftes in Gewichtsprozent an und ist die gebräuchlichste Messeinheit in Österreich.

Die Oechsle Mostwaage (Oe) gibt die relative Dichte des Mostes an. Es wird in gekürzter Form abgelesen. Bei einem Most mit einer relativen Dichte von 1,045 zeigt die Oechslewaage 45° an.

Umrechnungsformeln

°Oe : 5 = ca. °KMW (45 °Oe : 5 = 9 °KMW)
°KMW x 5 = ca. °Oe (10 °KMW x 5 = 50 °Oe)

INFO!

Die Zuckerspindel misst das spezifische Gewicht der Flüssigkeit.

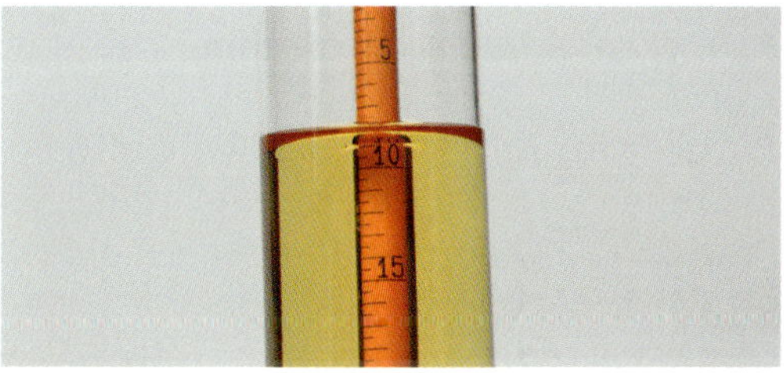

Spindel

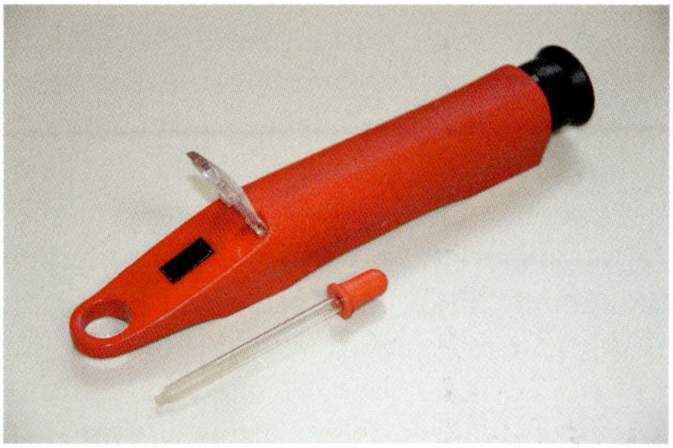

Handrefraktometer

Refraktometer

Das Prinzip der Messung mit einem Refraktometer beruht auf der Lichtbrechung. Je zuckerärmer die Flüssigkeit, desto stärker wird das Licht abgelenkt. Die Prismenfläche wird mit 2–3 Tropfen bestrichen (Durchschnittsprobe) und der Deckel zugeklappt. Nach dem Anpeilen einer Lichtquelle kann durch das Okular auf der Licht-Schatten-Grenze der Gehalt an Zucker abgelesen werden. Die Justierung erfolgt mit destilliertem Wasser bei 20 °C. Aus Gründen der Bedienungsfreundlichkeit wird ein Refraktometer mit Temperaturkompensation empfohlen, ansonsten muss der zu untersuchende Presssaft auf Eichtemperatur gebracht werden.

2. Säurebestimmung

Es wird die titrierbare Gesamtsäure bestimmt. Darunter versteht man die Summe der in einem Getränk vorhandenen freien Säuren mit Ausnahme der Kohlensäure. Diese wird vor der Bestimmung aus der Probe durch Erwärmen und Schütteln entfernt. Im Most befindet sich hauptsächlich Apfel- und Zitronensäure. Ausgedrückt wird die titrierbare Säure in Österreich in g/l titrierbarer Gesamtsäure. Der ideale Säurewert für die Gärmostbereitung liegt im Presssaft bei ca. 6,5 bis 7,5 g/l. In älteren Schriften wurde der Säurewert noch in Promille angegeben. Das ist eine nicht mehr gebräuchliche Angabeeinheit. Heute spricht man eher von g/l.

TIPP!

Idealer Säurewert: 6,5–7,5 g/l

Prinzip der Säuremessung

Es wird so lange eine Lauge, deren Konzentration bekannt ist, zur Mostprobe dazugegeben, bis der Neutralpunkt (erkennbar durch einen Farbumschlag) erreicht ist –

dazu wird die verbrauchte Lauge abgelesen. Diesen Vorgang nennt man Titration.

Da eine mögliche vorhandene Kohlensäure den Laugenbedarf bis zu 0,5 g/l erhöhen kann, wird diese vor der Messung durch Erhitzung und anschließendem Abkühlen auf Zimmertemperatur ausgetrieben.

ACHTUNG!

Ablaufdatum der Blaulauge beachten! Blaulauge ist eine Lösung aus Natriumhydroxid ($NaOH$) mit dem Indikator Bromthymolblau. Die Konzentration der Blaulauge, ihre Normalität (N), ist auf die Probenmenge abgestimmt.

Bestimmung der Säure mit der Bürette oder Messpipette

Bedarf:
Erlenmeyerkolben 100 ml, Vollpipette 10 ml, Messpipette 10 ml oder Bürette sowie frische 2/15 N Blaulauge

Durchführung:
10 ml Most mittels Vollpipette in den Erlenmeyerkolben einmessen. Aus der Messpipette oder Bürette so lange 2/15 N Blaulauge zufließen lassen, bis der Umschlagspunkt (von grün auf blau) erreicht ist. Verbrauch in ml Blaulauge an Messpipette oder Bürette ablesen, der Wert gibt dann die Säure in g/l an. (siehe Kapitel „Mostuntersuchungsmethoden“, Seite 115).

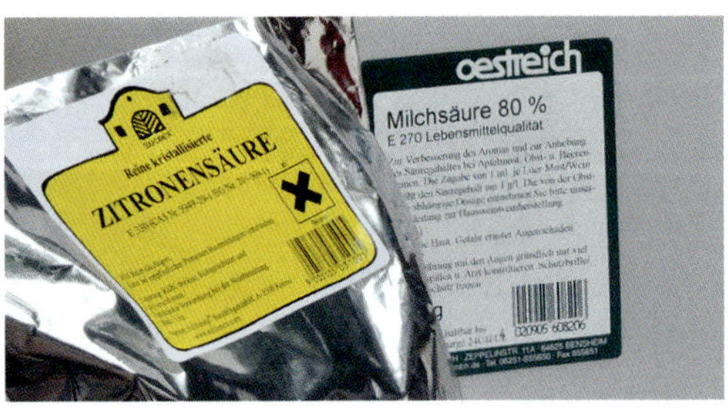

Zwei gerne verwendete Säuren in der Obstverarbeitung: Zitronensäure und Milchsäure

Presssaftbehandlung

Die Zeitspanne zwischen Pressen und Gärbeginn ist für die Mosterzeugung ganz wesentlich. Hier können Behandlungsmaßnahmen erfolgen, die sich später nie wieder nachholen lassen. Jede hier erfolgte richtige Behandlung steigert die Qualität des vergorenen Getränkes.

Es gibt folgende Möglichkeiten:
1. Säurekorrektur
2. Zuckerkorrektur
3. Enzymierung
4. Schwefelung
5. Bentonitbehandlung
6. Entschleimung
7. Hefenährsalze
8. Trockenreinzuchthefebeigabe

Die gesamte Anzahl der Behandlungsmöglichkeiten wird natürlich an einem einzigen Presssaft nicht durchgeführt. Entscheidend für die Behandlung ist der Qualitäts- und Gesundheitszustand des Presssaftes.

Aufsäuern

Im Saft der Äpfel und Birnen findet man zu überwiegendem Anteil Äpfelsäure. Ein weiterer wichtiger Bestandteil der Fruchtsäuren im Kernobst ist die Zitronensäure. Daneben findet man noch Bernsteinsäure und Oxalsäure. Weinsäure, wie sie in den Weintrauben vorkommt, findet man praktisch gar nicht. Der ideale Säurewert vor Gärbeginn liegt bei ca. 7,0 bis 7,5 g/l. Je nach Gärführung kommt es während der Gärung zu einer Absenkung des Säuregehaltes.

Aus langjähriger Erfahrung kann es im optimalen Fall zu einer Säureverringerung von 0,5 g/l und bei ungünstigen Bedingungen zu einem Säureabbau bis zu 3 g/l kommen. Je höher der Ausgangswert liegt, desto stabiler ist das Produkt während der Gärung. Einem krankhaften Säureabbau kann so gegengewirkt werden.

Ein hoher Säuregehalt ist ein Garant für ein haltbares Produkt. Ein zu niedriger Säuregehalt ist für schädliche Mikroorganismen eine ideale Grundlage, sich stark zu vermehren.

INFO!

Fruchtsäuren sind für Geschmack und Haltbarkeit verantwortlich.

Durch die Tätigkeit der Mikroorganismen nimmt der Säuregehalt noch stärker ab – der Most wird dabei zäh – er droht zu verderben. Um dies zu verhindern, ist vor der Gärung der Säuregehalt einzustellen, zu schwefeln und sind sowohl Schwefel- als auch Säuregehalt im vergorenen Obstwein des Öfteren zu überprüfen.

Besonders geringe Säurewerte finden wir in überreifen Edelobstsorten, aber auch in manchen Birnensorten. Genaue Auskunft über den tatsächlichen Säurewert gibt die Säuremessung.

Laut österreichischem Weingesetz ist die Zugabe von Zitronensäure, Milchsäure und Äpfelsäure erlaubt.

INFO!

Das Säure-Zucker-Verhältnis ist ausschlaggebend für die geschmackliche Harmonie des Presssaftes.

Zitronensäure

Zitronensäure ist die am häufigsten verwendete Säure, um Presssäfte bzw. den vergorenen Obstwein aufzubessern.

Die Zugabe von 100 g auf 100 Liter steigert den Säurewert um 1 g/l.

Sie ist relativ günstig und in jedem Fachgeschäft erhältlich. Werden mehr als 150 g Zitronensäure pro 100 Liter zugegeben, so besteht die Gefahr, dass sich die Säure spitz und zitronenartig am Gaumen bemerkbar macht. Aus diesem Grund ist es ratsam, bei größeren Säuresprüngen die Zitronensäure zum Teil durch Äpfelsäure oder Milchsäure zu ersetzen.

INFO!

100 g auf 100 Liter erhöhen den Säurewert um 1 g/l.

Äpfelsäure

Bringt die Zitronensäure etwas „Frische“ in den Gärmost, so wirkt sich die Zugabe der Äpfelsäure positiv auf die „Fruchtigkeit“ aus. Ansonsten sind deren Eigenschaften ähnlich der Zitronensäure. Beide Säuren können durch Mikroorganismen wieder abgebaut werden, somit sind beide nicht stabil.

Milchsäure

Diese liegt als 80-prozentige Monocarbonsäure vor. Um eine Säureerhöhung von 1 g/l zu erreichen, sind somit 125 ml Milchsäure pro 100 Liter notwendig.

Die Milchsäure kann durch Mikroorganismen nicht mehr abgebaut werden. Sensorisch macht sich die Milchsäure durch einen breiteren, molligeren und weniger spitzen Charakter bemerkbar.

Abbildung 4: Verschnittkreuz

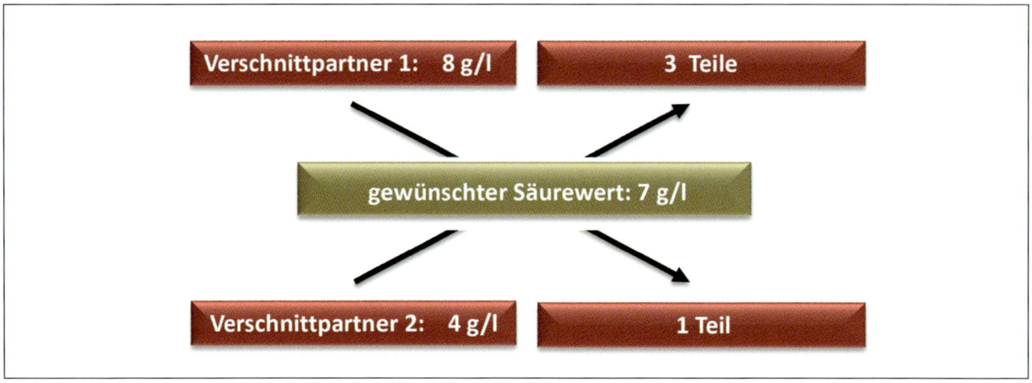

INFO!

125 ml auf 100 Liter steigern Säurewert um 1 g/l.

Säureverminderung

Seltener ist es der Fall, dass der Presssaft bzw. der vergorene Most einen zu hohen Säurewert aufweist. Eine Möglichkeit einer Säureverminderung ist die Anwendung der Doppelsalzentsäuerung. Diese ist zwar erlaubt, wird aber in der Praxis äußerst selten angewendet. Meist sind die Mosterzeuger über zu hohe Säurewerte nicht unglücklich, besitzen sie dann doch einen idealen Verschnittpartner um andere Produkte in ihrem Säurewert zu heben.

Verschnittkreuz

Werden 100 Liter des Presssaftes 2 mit 4 g/l Säure mit 300 Litern des Presssaftes 1 mit 8 g/l Gesamtsäure verschnitten, ergibt dies 400 Liter mit einem Säurewert von 7 g/l.

Aufzuckern

Laut österreichischem Weingesetz darf in der Obstweinbereitung in dem Maß aufgezuckert werden, dass das fertige Getränk einschließlich des auf Alkohol umgerechneten vorhandenen Restzuckers nicht mehr als 8 % vol. Alkohol enthält.

Grundlage jeder Aufzuckerung ist eine vorhergehende Zuckerbestimmung des Presssaftes mit der Mostwaage oder dem Refraktometer.

Zucker wird durch die Gärung zu Alkohol umgewandelt, wobei Kohlendioxid entsteht. Je mehr Zucker im Presssaft, desto höher ist der Alkoholgehalt im vergorenen Getränk.

Obst aus Streuobstwiesen liegt mit seinen Zuckerwerten je nach Sorte meist um die 10 °KMW (ca. 50 °Oe).

Höhere Werte finden wir in Obst aus Intensivobstanlagen. Bei gut gepflegten

Bohrmaschinenrührwerk

Streuobstbäumen sind in sonnigen Jahren aber auch Zuckerwerte bis 13 °KMW (75 °Oe) möglich.

Ein Süßmost mit 11° nach der Klosterneuburger Mostwaage ergibt theoretisch 6,6 % vol. Alkohol. Je nach Gärvorbereitung und Gärverlauf kann dieser Wert auch beträchtlich niedriger sein. Dafür sind aber andere Stoffe entstanden, die der Qualität schaden (Histamin, flüchtige Säuren etc.). Es ist daher notwendig, Reinzuchthefe zu verwenden sowie rasch und zügig zu vergären.

Durchführung

Abgewogene Zuckermenge in einer Teilmenge Most lösen und in diesem gelösten Zustand in die Gesamtmenge einrühren.

Errechnung des möglichen Alkoholgehalts

°KMW x 0,6 = ca. % vol. Alkohol bzw.
°Oe : 8 = ca. % vol. Alkohol

INFO!

Um 100 Liter Presssaft um ein °KMW zu erhöhen, werden 1,3 kg Zucker benötigt.

Tabelle 2: Genaue Umrechnungstabelle von KMW bzw. Oe in Alkohol

Dichte (g/l)	KWM (Oe;4,86)	Oechsle	Alkoholgehalt KMWx((KMW+47)/100)
1.040	8,23	40	4,5
1.042	8,64	42	4,8
1.044	9,05	44	5,1
1.046	9,47	46	5,3
1.048	9,88	48	5,6
1.050	10,29	50	5,9
1.052	10,70	52	6,2
1.054	11,11	54	6,5
1.056	11,52	56	6,7
1.058	11,93	58	7,0
1.060	12,35	60	7,3
1.062	12,76	62	7,6
1.064	13,17	64	7,9
1.066	13,58	66	8,2
1.068	13,99	68	8,5

Enzymierung

Die Enzymbeigabe kann neben der Beigabe in die Maische auch in den Presssaft erfolgen. Man verliert zwar dadurch die Vorteile der leichteren Pressbarkeit und der dadurch erhöhten Ausbeute; jedoch bleibt der Vorteil bestehen, dass durch die Enzyme langkettige schleimbildende Fäden zerlegt werden, so dass die Entschleimung und die Filtration nach der Gärung unterstützt werden. Die Zugabe der Enzympräparate zum Presssaft und nicht zur Maische ist sicherlich praktischer, da Einwirkzeit, Temperatur der Maische und Verteilung oftmals nicht erreichbare Forderungen bilden, so dass aus diesen Gründen die Enzymierung des Presssaftes praxisgerechter erscheint.

Dabei ist jedoch unbedingt zu beachten, dass eine Enzymierung niemals gleichzeitig mit einer Betonitschönung einhergehen darf.

Links ohne Enzymierung – rechts mit Enzymierung

INFO!

Enzyme ermöglichen biochemische Reaktionen. Pektin spaltende Enzyme werden Pektinasen genannt.

Bentonit würde sofort das Enzym binden, so dass dessen Wirkung gleich Null wäre (siehe „Bentonitschönung“, Seite 68). Will man Moste mit Bentonit behandeln, muss die Einwirkzeit der Enzyme (1–2 Stunden) abgewartet werden. Erst danach kann man schönen.

Details dazu siehe Kapitel „Enzyme“ ab Seite 81.

Schwefelung

Diese Maßnahme ist nicht unbedingt notwendig. Entscheidend dafür, ob und in welcher Menge geschwefelt wird, ist der Zustand des Ausgangsmaterials, der Säuregehalt sowie die Standzeit bis zum Gärbeginn.

Unsauberes und leicht angefaultes Ausgangsmaterial, niedrige Säurewerte oder eine lange Standzeit der Maische machen eine Schwefelung notwendig. In solchen Fällen wird eine Schwefelung mit bis zu 10 g Kaliumpyrosulfit pro 100 Liter Presssaft notwendig sein. Wenn jedoch die Grundsätze einer sauberen Arbeitsweise sowie eines gesunden Ausgangsmaterials befolgt werden und die Vergärung mit Reinzuchthefe durchgeführt wird, ist eine Schwefelung vor der Gärung zumeist nicht notwendig. Details dazu finden Sie im Kapitel „Schwefelung“ ab Seite 56.

INFO!

Schwefel ist eines der ältesten Weinbehandlungsmittel.

Bentonitbehandlung

Bentonit ist ein fein vermahlener Ton mit starker Quellfähigkeit und Bindefähigkeit. Durch die große Oberfläche des vorgequollenen und eingerührten Bentonites werden Eiweißstoffe daran gebunden – es entsteht eine größere Flocke, die dann zu Boden sinkt. Durch diese Behandlungsmethode wird dem Getränk bereits vor der Gärung Eiweiß entzogen. Durch Erwärmung und anschließende Abkühlung (Transport der Flasche im warmen Auto – danach Kühlschranklagerung) kann das wärmeempfindliche Eiweiß ausflocken und in Form eines grauen Schleiers den Flaschenboden bedecken. Daneben besteht die Möglichkeit, dass Eiweiß mit anderen Substanzen, wie Gerbstoff oder Eisen, Verbindungen eingeht, die ebenfalls zur Ausflockung und Trübung in der Flasche führen.

Bentonit bindet auch unerwünschte Fremdtöne, die vor allem bei hohem Anteil an Faulobst entstehen. Weiters unterstützt Bentonit durch die Bindung von Trub das Entschleimen und die Klärung.

HINWEIS! Aufwandsmengen:

Bentonit bindet trubstoffbildendes Eiweiß. 100–200 g pro 100 Liter Presssaft eines Natrium-Calcium-Bentonites entfernen den größten Teil an Eiweiß und Trub ohne jedoch Farbe und Geschmack anzugreifen.

Der Einsatzzeitpunkt vor der Gärung ist für den Most am günstigsten. Natürlich kann Bentonit auch im vergorenen Getränk eingesetzt werden, um das Eiweiß zu entfernen, aber 50 g/100 Liter greifen den ausgebauten Obstwein mehr an als 150 g/100 Liter im Presssaftstadium! Details dazu finden Sie im Kapitel „Schönung“ ab Seite 61.

Entschleimung

Einfache Entschleimung

Der abfließende Presssaft wird über einen Zeitraum von zwölf Stunden in einem Standtank stehen gelassen. Dabei setzen sich die festen Trubbestandteile ab. Es tritt eine Selbstklärung ein, da die mosteigenen pektinspaltenden Enzyme (je nach Reife mehr oder weniger im Most enthalten) das vorhandene Pektin abbauen. Mit dem Auseinanderbrechen des trubstabilisierenden Pektingerüstes flocken die Feststoffe aus und können sich absetzen. Dies ist schon nach etwa drei Stunden zu beobachten. Nach etwa 8–12 Stunden ist der Presssaft soweit vorgeklärt, dass sich sogar feine Trubteilchen abgesetzt haben.

Wenn der Presssaft von Pressen stammt, die einen höheren Trubanteil produzieren, ist dieses Vorklären besonders wichtig. Ungünstige Mikroorganismen haften an diesen Trubpartikeln, die wiederum die Gärung negativ beeinflussen können. Großbetriebe verwenden dazu Zentrifugen (Separatoren), die diese Trubanteile aufgrund ihres höheren spezifischen Gewichtes kontinuierlich ausschleudern.

INFO!

Entschleimen fördert die Reintönigkeit des vergorenen Mostes.

Intensiventschleimung

Dies ist die intensivste Form der Presssaftbehandlung mit dem Ziel, die Reintönigkeit des vergorenen Obstweines sowie die spätere Stabilität durch den Entzug der Eiweißsubstanzen zu fördern.

Abbildung 5: Einfache Entschleimung

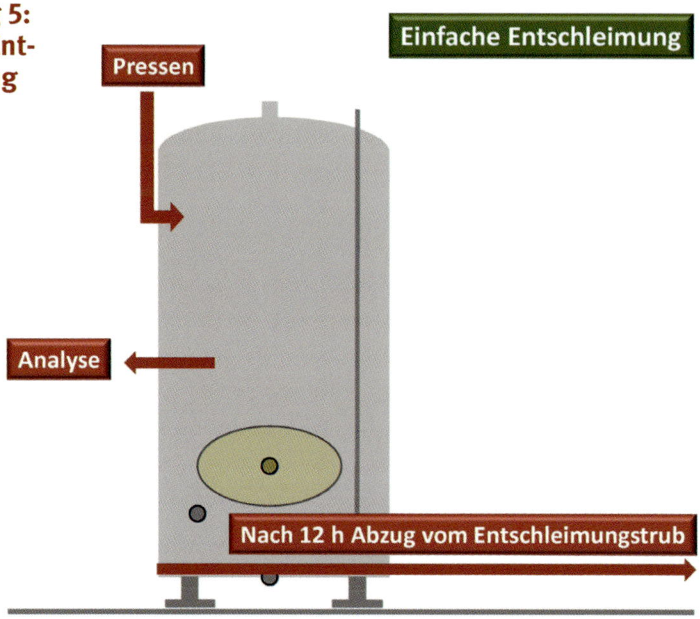

Abbildung 6: Intensiventschleimung

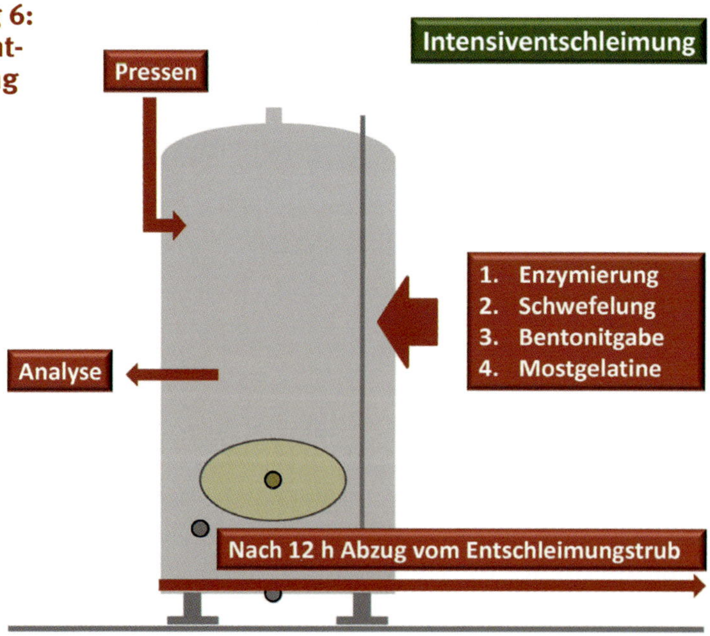

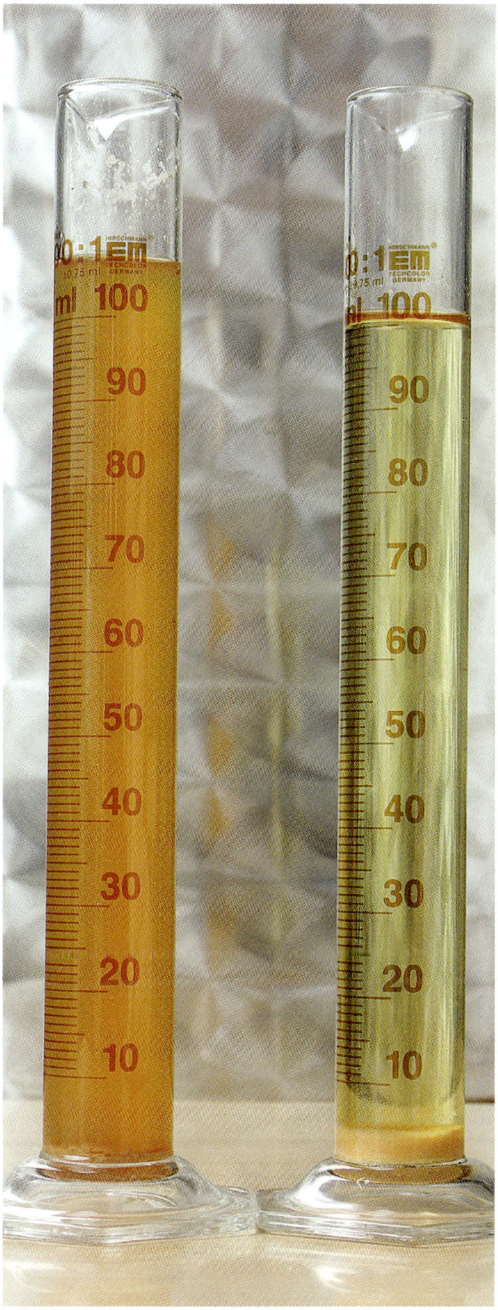

links: frischer Presssaft; rechts: entschleimter Presssaft mit Entschleimungstrub am Boden

Moderne Obstverarbeitungsbetriebe kommen um diese Form der Presssaftbehandlung nicht umhin.

Wie zuvor bei der einfachen Entschleimung beschrieben, werden bei dieser Behandlungsform zusätzlich die erwähnten Pektinasen, das Bentonit sowie zur besseren Trubstoffbindung Mostgelatine zugesetzt. Durch eine Standzeit von ca. zwölf Stunden kommt es zu einer vollkommenen Klärung des Saftes. Dieser wird danach vom Entschleimungstrub abgezogen und in die Gärbehälter gefüllt.

TIPP!

Je stärker entschleimt wird, desto geringer ist die Mikroorganismenbelastung.

Aufwandsmengen: Genaue Mengenangaben für die einzelnen Behandlungsprodukte zu geben, ist insofern unseriös, da dies sowohl vom Gesundheitszustand des Obstes, von der Höhe des Gerbstoffgehaltes sowie vom jeweilig verwendeten Behandlungsprodukt abhängt. Es empfiehlt sich daher, die Produktdatenblätter genau zu beachten.

INFO!

Entschleimte klare Presssäfte vergären reintöniger und die Typizität der Frucht wird verstärkt.

PRESSSAFTBEHANDLUNG (Zusammenfassung)

Die nachfolgend aufgezählten Behandlungsmöglichkeiten des Presssaftes können je nach Ausgangsmaterial und Verwendungszweck des Gärmostes eingesetzt werden.

Tabelle 3: Möglichkeiten der Presssaftbehandlung

	Behandlung	Ziel
Maßnahmen zur Behebung von Mängeln	Zuckerzugabe	Der Alkoholgehalt im vergorenen Getränk wird erhöht, die Haltbarkeit wird gefördert.
	Aufsäuerung	Steigert die Haltbarkeit sowie die Harmonie des Getränkes.
Gärungsbeeinflussende Maßnahmen	Trockenreinzuchthefebeigabe	Zügige, reintönige Gärung, auch bei geringeren Gärtemperaturen.
	Entschleimung	Trubbestandteile werden vor der Gärung durch Absetzenlassen von ca. zwölf Stunden entfernt. Besonders zu empfehlen bei zugekauften bzw. trubreichen Presssäften.
Vorbeugende Maßnahmen	Schwefelung	Die Vermehrung von schädlichen Mikroorganismen wird frühzeitig eingedämmt.
	Bentonitschönung	Frühzeitige Entfernung von Eiweiß. Trübungen, verursacht durch Eiweißausflockung, werden bei der späteren Flaschenfüllung und Flaschenlagerung vermieden.
	Hefenährsalze	Etwaige Gärstörungen, verursacht durch einen Mangel an Nährstoffen für die Hefe, werden vermieden.
Unterstüzende Maßnahmen	Enzymierung	Absetzen der Trubbestandteile wird gefördert, Filtration und Schönung werden erleichtert.

GÄRUNG

Allgemeines

Die Gärung ist ein biochemischer Vorgang, bei dem Zucker zu Alkohol umgewandelt und dadurch Kohlendioxid frei wird. Daneben werden noch Gärnebenprodukte, sowohl positive als auch negative, gebildet. Bei diesem biochemischen Vorgang wird Wärme frei.

Abbildung 7 zeigt die schematische Darstellung des Abbaus von Zucker zu Alkohol. Der Zuckerabbau verläuft in Wirklichkeit in vielen kleinen Einzelreaktionen ab. Für den Praktiker ist dies jedoch nicht von besonderer Bedeutung. Viel wichtiger ist es für ihn zu wissen, welche Faktoren die Gärung beeinflussen und welche Bedingungen er schaffen muss, damit die Gärung reintönig und ohne Unterbrechung abläuft.

INFO!

Hefe wandelt Zucker zu Alkohol um.

Wir wollen eine Gärung, die
- rasch beginnt,
- zügig ohne Unterbrechung abläuft,
- geringe Schaumbildung verursacht,
- wenig unerwünschte Gärnebenprodukte liefert („saubere“ Vergärung) und
- den gesamten Zucker vergärt.

Dies erreichen wir durch
- Verwendung von Reinzuchthefe,
- Gärbehälter nur zu 90 % füllen und mit Gärspund verschließen,
- Gärtemperatur zwischen 18 und 20 °C
- und Zugabe von Hefenährstoffen.

Arbeitsschritte zur Gäreinleitung

Ohne den Einsatz von Reinzuchthefen setzt man das Gärgut einem hohen Risiko einer Fehlgärung aus. Die natürliche Mikroorganismenverteilung am Obst enthält nur ca. 3–5 % positive Hefezellen (Abbildung 9), welche alkoholtolerant und in der Lage sind,

Abbildung 7: Schematische Darstellung des Abbaus von Zucker zu Alkohol

Alkohol in größerer Menge zu produzieren. Diese wenigen erwünschten Mikroorganismen müssen sich im Laufe der Gärung durchsetzen. Ist dies nicht der Fall, entstehen dumpfe, aber auch stechende unsaubere Töne. Durch das Entschleimen wird ein hoher Anteil an diesen negativen Mikroorganismen entfernt. Der Einsatz von Hefenährstoffen in Verbindung mit Reinzuchthefe gewährleistet eine saubere Gärung.

HINWEIS!

Seien Sie sich immer bewusst: Spontangärung bedeutet Risiko.

Abbildung 8: Arbeitsschritte zur Gäreinleitung

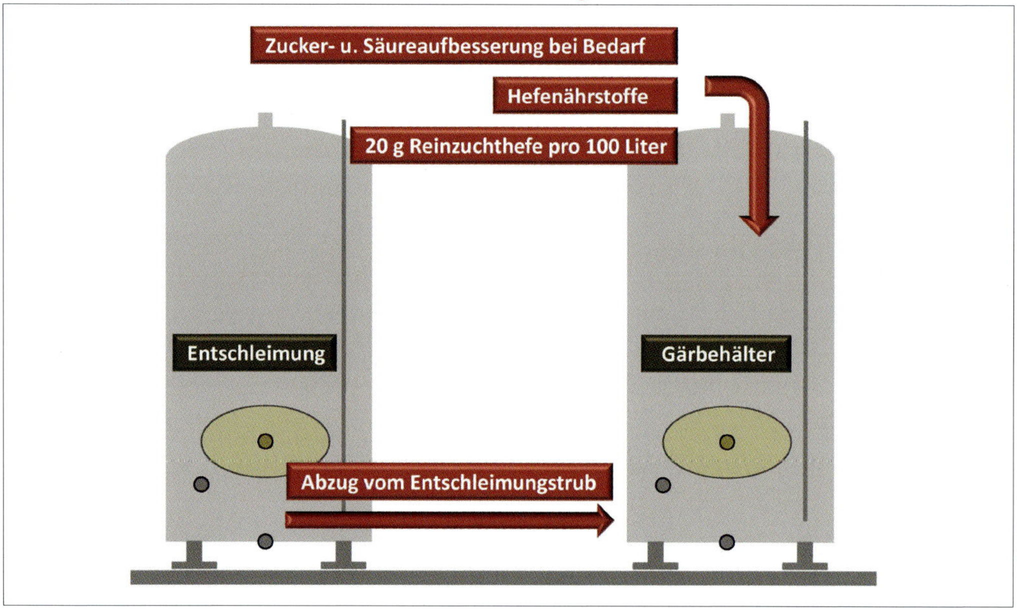

Hefenährstoffe

Damit die Hefezellen ihrer Aufgabe optimal gerecht werden können, bedarf es einer ausreichenden Nährstoffversorgung. Hefeverfügbarer Stickstoff, Phosphorverbindungen, Vitamine (und hier vor allem B1) müssen in ausreichender Menge vorhanden sein. In trüben Säften gibt es eher selten einen Nährstoffmangel für die Hefezellen. Kritischer ist die Situation in stark entschleimten Presssäften. Hier ist eine zusätzliche „Hefefütterung" unabdingbar.

Abbildung 9: Hefeverteilung vor Gärbeginn

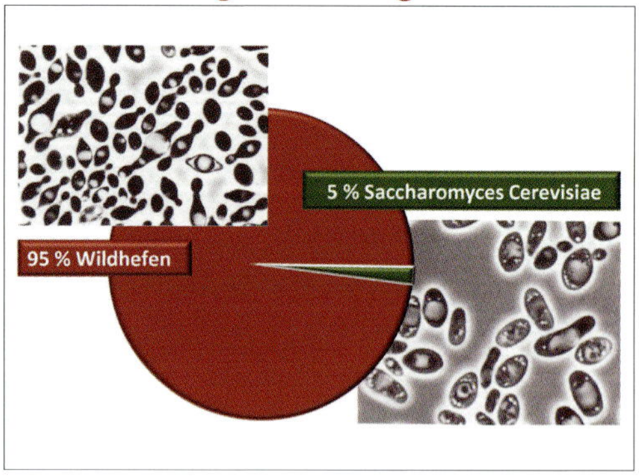

Die zu verwendenden Mengen richten sich nach dem Produkt, liegen aber zwischen 20 und 40 g/100 Liter. Die abgewogene Hefenährsalzmenge wird in wenig lauwarmem Wasser gelöst und in das Gärgut eingerührt.

Aufwandsmenge Reinzuchthefe

Diese hängt wesentlich von der Temperatur des Kellers, des Gärgutes sowie dem Entschleimungsgrad ab. Bei Temperaturen um die 17–20 °C genügen 20 g/100 Liter Presssaft. Bei niedrigen Temperaturen, für besonders schnelle Angärung oder bei zu erwartenden Gärschwierigkeiten (starkes Entschleimen) sind 25–30 g/100 Liter zu dosieren.

Hefeansatz mit Schaumkrone

Vorquellen der Gärhefe

Damit die ursprünglich getrocknete und vakuumverpackte Hefe ihrer Aufgabe gerecht werden kann, muss diese zuvor vorgequollen (rehydriert) werden.

1. Trockenhefe im Verhältnis 1 : 10 in Wasser oder Wasser-Presssaft-Gemisch (1 : 1) mit 38–40 °C einrühren
2. 15–20 Minuten stehen lassen, einmal umrühren
3. Gleiche Menge Most dazugeben (Gesamttemperatur 30 °C)
4. Ca. 30 Minuten stehen lassen und des Öfteren umrühren
5. Beimpfung der gesamten auf mind. 17 °C erwärmten Mostmenge
6. Gut einrühren

TIPP!

- Hefe niemals länger als 30 Minuten im warmen Wasser ohne Presssaft stehen lassen!
- Temperaturschocks bei der Zugabe von mehr als 10 °C Differenz vermeiden!

Gärtemperatur

Die Wahl der Temperatur ist für den Gärverlauf ein entscheidender Faktor. Gärtemperaturen über 20 °C bringen einen raschen Gärverlauf, jedoch mit dem Nachteil, dass vieles an Aroma und Alkohol verloren geht. Temperaturen unter 16 °C bergen die Gefahr der Gärstockung bzw. der Gärunterbrechung, damit einhergehend auch die Gefahr eines mikrobiologischen Verderbens.

HINWEIS!

Optimale Gärtemperatur: 16–20 °C

In der Praxis sind oftmals die Keller im Herbst zu kalt, so dass nur durch eine Erwärmung des Gärgutes ein einwandfreier Gärverlauf erzielt werden kann.

Die Kellereitechnik bietet hier technische Lösungen an, wie Wärme-/Kühlschlangen oder vollautomatische Temperatursteuerungen des Gärbehälters.

Um das Problem der Gärstockung aufgrund zu geringer Kellertemperaturen etwas abzumildern, gibt es noch die Möglichkeit des Einsatzes von Reinzuchthefen mit geringem Wärmebedarf – sie werden auch als Kaltgärhefen bezeichnet. Unter 12 °C bekommen aber auch diese speziellen Hefen ein Aktivitätsproblem.

Eine weitere Möglichkeit ist die Schaffung eines eigenen beheizbaren Gärraumes. Nach beendeter Gärung wird der Obstwein vom Hefedepot abgezogen und im kühleren Keller gelagert.

Tabelle 4: Temperaturbedarf während des Gärverlaufes

Gärphase	Handlungsbedarf	Details
1. Gärstart	erwärmen	18–20 °C.
2. Stürmische Gärung	kühlen	Je größer der Behälter, desto stärker erwärmt sich das Gärgut – kann bis zum „Versieden“ (40 °C) führen, angestrebter aromaschonender Wert: 17–18 °C.
3. Stille Nachgärung	erwärmen	Gäraktivität lässt nach – Temperatur beginnt zu sinken. Um eine vollständige Endvergärung zu erreichen, besteht wiederum ein Wärmebedarf.

Elektronische Temperatursteuerung durch Doppelmantelbehälter

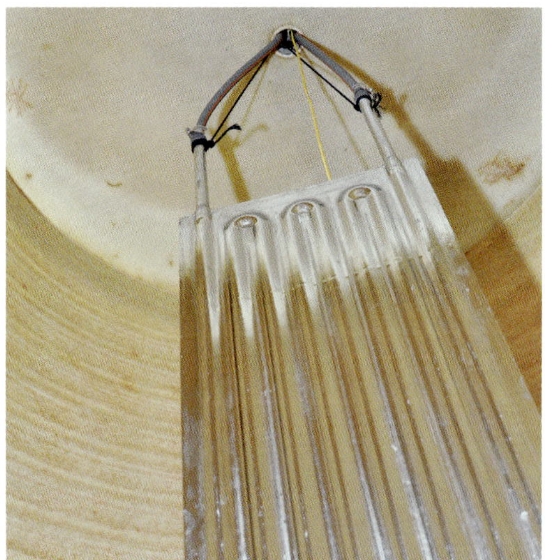

Wärme- bzw. Kühlpaneele im Inneren des Gärfasses

Abbildung 10:
Vom Pressen bis zum Lagern

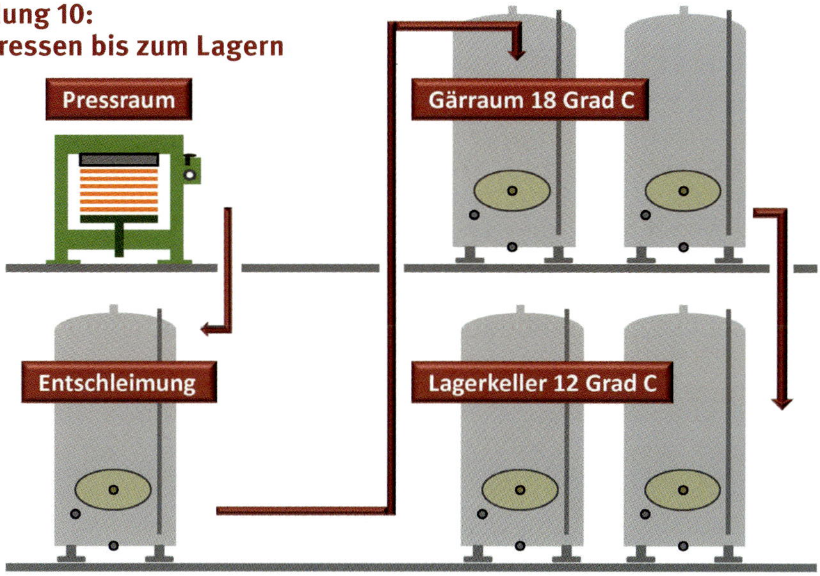

Gärverlauf

Nach der Zugabe der Reinzuchthefe beginnt im Gärbehälter die Vermehrungsphase der Hefe. Nach spätestens 24 Stunden ist dies abgeschlossen, und die stürmische Gärung startet.

Nach zwei bis max. drei Wochen verlangsamt sich der CO_2-Ausstoß. Die Gärung wird langsamer – der größte Anteil an Zucker ist verarbeitet. Nun beginnt die Phase der stillen Nachgärung.

Gärbeobachtung

Die Gärkontrolle besteht in der Praxis aus

- Temperaturkontrolle,
- CO_2-Entwicklung.

Bei analytisch-technisch guter Ausstattung lässt sich über die Dichtemessung die Zuckerabnahme bzw. der Alkoholanstieg messen. Gärkurven können damit gezeichnet werden.

HINWEIS!

Während dieser stillen Nachgärphase kann parallel dazu ein Säureabbau beginnen, bei dem ebenfalls CO_2 gebildet wird. Der Säuregehalt wird rasch weniger – was zum Verderb des Produktes führen kann.

Ein sofortiger Abzug nach Gärende vom Hefedepot mit einer gleichzeitigen Schwefelung des Obstweines sowie einer kühleren Lagerung, unterbindet den Säureabbau. Moste mit geringem Säuregehalt sind vom negativen Säureabbau besonders stark bedroht.

Gärende

Das Ende der Gärung bedeutet nicht immer, dass auch wirklich der gesamte Zucker vergoren ist. Restzuckermengen von bis zu 10 g pro Liter können sensorisch oft nicht erkannt werden. Werden solche Obstweine zu einem späteren Zeitpunkt in die Flasche gefüllt, besteht die Gefahr einer Nachgärung in der Flasche.

Bleibt hingegen der vergorene Obstmost zu lange bei geringen Säurewerten am Hefedepot liegen, führt dies unweigerlich zu einer Qualitätsverminderung. Hefeböckser und krankhafter Säureabbau sind nur einige der möglichen Folgen.

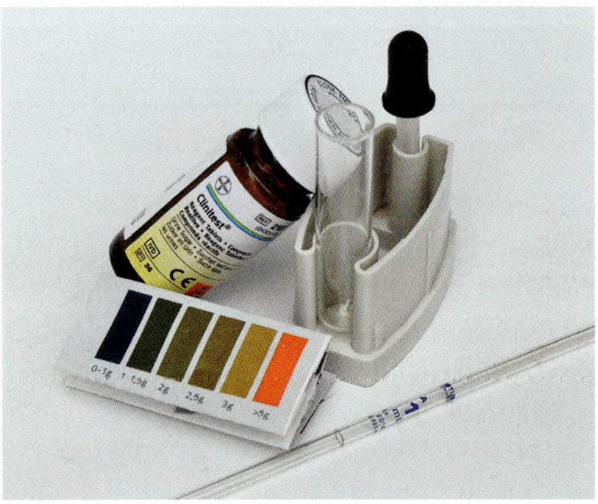

Clinitest

Clinitest-Auswertung

INFO!

Nach dem Gärende ist rasches überlegtes Handeln notwendig.

Für den Praktiker ist somit das Erkennen des Gärendes von entscheidender Bedeutung. Eine einfache, rasche, günstige und ausreichende Methode ist der „Clinitest“.

Clinitest

In ein Glasröhrchen wird 1 ml der Probe gefüllt, eine trocken gelagerte Testtablette hinzugegeben und je nach Farbumschlag der sich daraus ergebenden Lösung kann anhand einer Farbskala der ungefähre Restzuckergehalt festgestellt werden.

Gärprobleme

INFO!

Viele Schwierigkeiten können von vornherein ausgeschlossen werden, wenn bei Gärbeginn Hefenährstoffe und Reinzuchthefe, welche richtig rehydriert worden ist, verwendet werden.

Eine steckengebliebene Gärung wieder in Gang zu bringen, ist oft sehr schwierig. Daher sollte die Gärung laufend kontrolliert werden, um bei auftretenden Gärstockungen sofort eingreifen zu können.

HINWEIS!

Gärstockungen können trotz aller Vorsicht nie gänzlich ausgeschlossen werden.

Tabelle 5: Gärprobleme und Lösungsansätze
Presssaft beginnt nicht zu gären bzw. setzt plötzlich aus

Ursachen	Abhilfemöglichkeit
Presssaft ist zu kalt	■ Mit Mostwärmer aufwärmen ■ Keller beheizen ■ Heizlüfter zum Gärbehälter stellen ■ In warmen Herbsten: während des Tages die Kellertür öffnen, abends wieder schließen
Fehlender Reinzuchthefezusatz	■ Ohne Reinzuchthelfe verläuft die Gärung nach Zufall – daher nach dem Pressen 20 g/100 Liter zusetzen
Starke Entschleimung	■ Unbedingt Hefenährstoffe und gär kräftige Hefe verwenden ■ Gärstart kann sich trotzdem verzögern
Zu intensive Presssaftschwefelung	■ Mehr als 10 g Kaliumpyrosulfit (KPS) pro 100 Liter wirken stark verzögernd auf den Gärbeginn

Gärnebenprodukte

Neben den eigentlichen Gärprodukten (Alkohol und CO_2) entstehen bei diesem biochemischen Vorgang noch eine Vielzahl von Gärnebenprodukten. Je nach Gärungsart, Gärdauer und Vorbehandlung bilden sich mehr oder weniger von diesen Nebenpropdukten, die auf die Qualität einen entscheidenden Einfluss nehmen können.

Wärme

Je größer der Gärbehälter, desto stärker erwärmt sich das Gärgut.

Acetaldehyd

Acetaldehyd ist einer der größten Schwefelbinder. Will man Moste mit geringem Schwefelbedarf erzeugen, ist es notwendig, sich mit dem Gärnebenprodukt „Acetaldehyd“ näher zu beschäftigen.

Die Schwefelige Säure im Obstmost hat das Bestreben, sich sofort mit anderen Stoffen zu verbinden (z. B. Brenztraubensäure, Acetaldehyd etc.) und verliert damit ihre

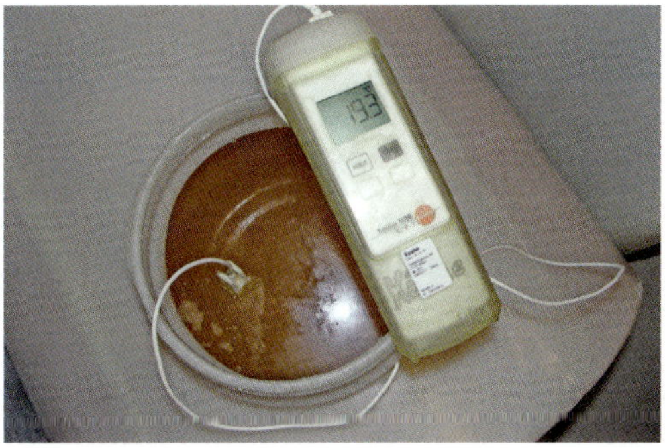

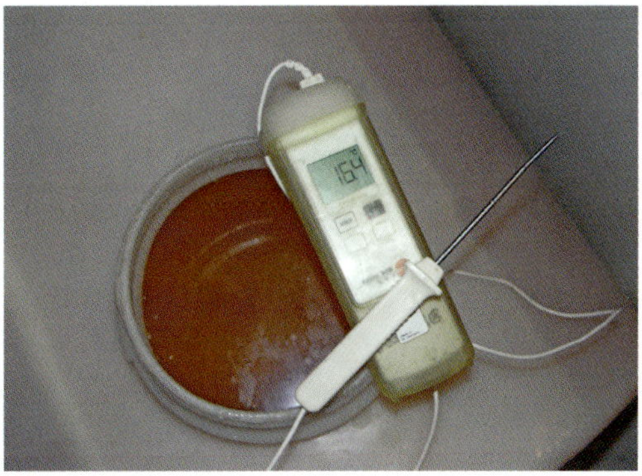

19,3 °C im Gärbehälter bei einer Kellertemperatur von 16,4 °C

eigentliche Aufgabe, nämlich den für den Obstwein gefährlichen Sauerstoff aufzufangen bzw. abzubinden. Sie belastet somit den Obstwein, ohne ihre eigentliche Aufgabe zu erfüllen.

Ein Obstwein ist erst dann als stabil anzusehen, wenn 25 bis 35 mg/l an ungebundener Schwefeliger Säure (= freier Schwefel) vorhanden ist und über Wochen hindurch gleich bleibt. Je mehr Acetaldehyd vorhanden ist, desto mehr Schwefel muss beigegeben werden, damit einerseits der Sauerstoff und eben das Acetaldehyd gebunden sowie darüber hinaus noch 25 bis 35 mg/l an Schwefel frei bleiben. Erst dieser freie Schwefel garantiert einen Schutz.

Man muss daher versuchen, durch richtige Gärführung die Acetaldehydbildung so gering wie möglich zu halten. Schleppende Gärungen ohne Reinzuchthefebeigabe lassen den Gehalt an Acetaldehyd stark ansteigen.

Glycerin

Im Gegensatz zu Acetaldehyd ist Glycerin ein positives Gärnebenprodukt und somit im Obstmost erwünscht. Es ist dies ein dreiwertiger Alkohol und in reinem Zustand eine farblose, dickliche Flüssigkeit, die süß schmeckt und ungiftig ist. Glycerin gehört insofern zu den wertvollsten Erzeugnissen der Gärung. Es verleiht dem Obstmost Vollmundigkeit und Körper. Der Gehalt an Glycerin steht meist in engem Verhältnis zum Alkoholgehalt. Je mehr Alkohol vorhanden ist, desto mehr Glycerin ist ebenfalls gebildet worden. Aber auch die Reinzuchthefe hat einen starken Einfluss auf das Glycerinbildungsvermögen. Bei 50 g Alkohol (ca. 6,3 % vol. werden um die 1–3 g/l Glycerin gebildet. Dieses Verhältnis von Alkohol zum Glyceringehalt dient als Nachweis bei unerlaubter Glycerinzugabe.

INFO!

Glycerin verleiht dem Most Fülle und Körper.

Histamin

Histamin ist ein biogenes Amin und ist in vielen und besonders in fermentierten Lebensmitteln vorhanden, wie z. B. in Käse, Salami, Räucherspeck, Rotwein, Sauerkraut, aber auch in Spinat und Orangen.

Bei einer Überschreitung des persönlichen Schwellenwertes kommt es zu Hautrötungen, Juckreiz und Kopfschmerzen.

INFO!

Histamin ist ein Hauptbestandteil des Bienengiftes.

Faktoren, die eine Histaminbildung im Obstwein fördern:

- Hoher pH-Wert im Presssaft vor Gärbeginn
- Vergärung ohne Reinzuchthefebeigabe (Spontangärung)
- Schleppender Gärverlauf (geringe Gärtemperatur)
- Mangelnde Kellerhygiene
- Spontaner biologischer Säureabbau

Essigsäure

Durch eine schleppende Gärung kann Essigsäure gebildet werden. Sie bildet den größten Anteil an flüchtiger Säure. Sind jedoch mehr als 0,6 g/l an flüchtiger Säure im vergorenen Obstmost enthalten, dann lässt dies auf eine Essigsäurebildung durch Bakterien schließen. Um eine reintönige Gärung zu erzielen, sind alle bereits erwähnten kellertechnischen Maßnahmen zur Gärführung zu setzen.

INFO!

Essigsäure kann durch Bakterien, aber auch durch Hefen gebildet werden.

Aromastoffe

Das Aroma setzt sich aus mehreren hundert Einzelkomponenten zusammen und enthält Verbindungen (z. B. Ester, höhere Alkohole (Fuselöle), Säuren etc.). Diese vielen Geruchs- und Geschmacksstoffe bewirken zusammen den sensorischen Gesamteindruck.

INFO!

Durch eine gute Gärführung werden unangenehme Gärnebenprodukte vermieden.

Neben diesen genannten Gärnebenprodukten gibt es noch eine Vielzahl an weiteren Nebenprodukten. Diese hier zu beschreiben, würde den gegebenen Rahmen sprengen. Abschließend kann jedoch gesagt werden, dass durch eine gute Gärführung unangenehme Gärnebenprodukte weitestgehend vermieden werden können. Es muss vor und während der Gärung alles getan werden, um diese reintönig ablaufen zu lassen.

Wie können unerwünschte Gärnebenprodukte vermieden werden?

- Obst sauber waschen und aussortieren
- Pressaft einstellen (Säurewert)
- Leichte Schwefelung des Presssaftes mit 5–8 g Kaliumpyrosulfit/100 Liter
- Vergären mit Reinzuchthefe
- Gärtemperatur zwischen 17 und 20 °C
- Gärüberwachung

Zusammenfassung: Gärung

Die Gärung ist ein Prozess, bei dem Zucker zu Alkohol umgewandelt wird. Verantwortlich dafür sind Hefen.

Durch gezielte Behandlungsmaßnahmen wird versucht, ideale Bedingungen für die Hefezellen zu schaffen.

Wir wollen eine Gärung, die

- zügig ohne Unterbrechung abläuft,
- wenig unerwünschte Gärnebenprodukte liefert und
- den gesamten Zucker vergärt.

Dies erreichen wir durch

- Verwendung von Reinzuchthefe
- Gärbehälter nur zu 90 % füllen und mit Gärspund verschließen
- Gärtemperatur 18 °C

BEHANDLUNG NACH DER GÄRUNG

Nach dem Ende der Gärung muss der vergorene Obstwein ausgebaut und stabilisiert werden.

Dies gliedert sich in:

- Zeitiges Vollfüllen der Fässer
- Umfüllen (Abstich)
- Säureaufbesserung bei Bedarf
- Analytische Kontrollen
- Schwefelung
- Vollhalten der Behälter

Raue Fülle

Nachdem die stärkste Gärschaumentwicklung vorüber ist (Ende der Hauptgärung), wird das bis zu diesem Zeitpunkt zu 90 % gefüllte Fass mit gesundem Obstwein spundvoll aufgefüllt. Dadurch wird Sauerstoff aus dem Fass verdrängt und somit vielen schädlichen Mikroorganismen die Lebensgrundlage genommen. Das Fass darf jedoch nicht fest verschlossen werden, da bei der anschließenden Nachgärungsphase ebenfalls noch CO_2 entsteht. Der restliche Zucker vergärt in diesem Abschnitt nur mehr sehr langsam, was noch einige Tage in Anspruch nehmen kann.

INFO!

Wird sofort nach Gärende vom Hefedepot abgezogen, ist die „Rauhe Fülle“ nicht notwendig.

Der Abstich

INFO!

Unter Abstich versteht man das Umfüllen des Obstweines von einem Behälter in einen anderen zwecks Entfernung des Trubes (Hefedepot, Schönungstrub) oder um mikrobiologische Vorgänge zu unterbrechen.

Abbildung 11: Nach dem Gärende

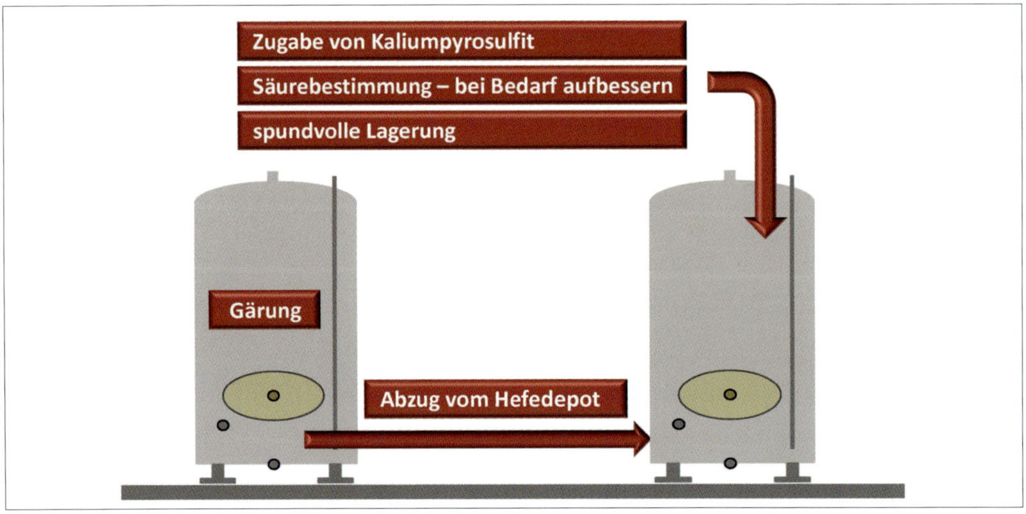

Durch den Gärungsprozess wurde der Zucker von Gärhefen zu Alkohol umgebildet. Nach Abschluss dieses Prozesses setzt sich die Hefe am Boden ab.

Kommt es zu keiner Entfernung des Hefegelägers, beginnt sich die aus Eiweiß bestehende Hefe zu zersetzen – es kommt zum gefürchteten „Hefeböckser". Abgesehen von dieser Gefahr, wird durch ein zu langes Liegenlassen des Mostes auf der Hefe der vorhandene Säuregehalt durch Bakterien verstärkt abgebaut. Der erste Abstich oder Abzug erfolgt nach beendeter Gärung, um den Obstwein von der Hefe zu trennen.

Der Zeitpunkt dieses Abstiches hängt im Wesentlichen vom Säuregehalt ab:

- Obstweine mit geringer Säure (4–6,5 g/l) sind nach beendeter Gärung rasch umzuziehen.
- Säurereichere Moste können bis zu vier Wochen auf der Hefe liegen bleiben. Sie haben genügend Kraft, dieser Belastung standzuhalten. Bei zu hohem Säuregehalt kann unter Umständen durch eine längere Lagerung am Geläger ein Säureabbau von 1 g/l erfolgen und der Most an Harmonie gewinnen.

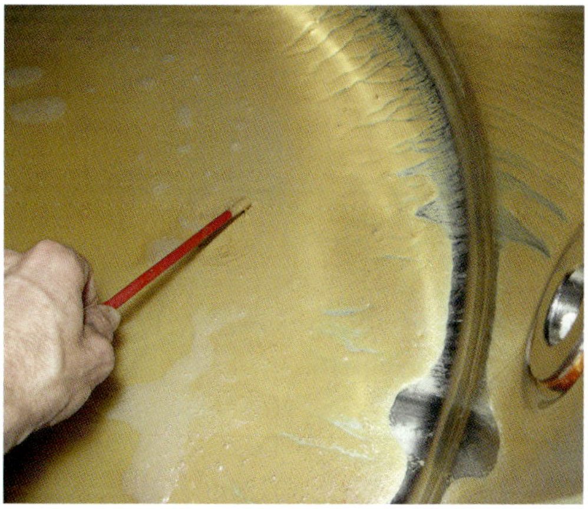

Hefedepot

Die selbständige Klärung des Mostes nach der Gärung ist abhängig von pH-Wert, Gerbstoff- und Säurewert sowie von anderen Inhaltsstoffen. Wenn diese Klärung nicht selbständig abläuft, kann der Obstmost im Anschluss an den ersten Abstich durch den Einsatz einer gezielten Schönung geklärt werden. Eine Schönung am Geläger ist nicht sinnvoll. Bei leichter Trübung kann anstelle der Schönung eine Filtration treten. Solche Moste kommen unter Umständen mit einem einzigen Abstich aus.

TIPP!

Der Abstich mit einer gleichzeitig durchgeführten Schwefelung mit 13 g Kaliumpyrosulfit pro 100 Liter unterbindet mikrobiologische Vorgänge.

Wege zur klaren und stabilen Tanklagerung

Weg 1: kommt dann in Frage, wenn sich der Obstwein selbständig zu einem hohen Grad am Geläger geklärt hat. Das längere Zuwarten bis zur Klärung kann nur bei Obstweinen mit einem höheren Säurewert empfohlen werden (Abbildung 12 a).

Weg 2: Durch die Lagerung nach dem ersten Abstich kommt es zu einer weiteren Klärung. Die Filtration wird erleichtert und somit wirtschaftlicher (Abbildung 12 b).

Weg 3: Für den professionellen Obstweinerzeuger ist dies der empfehlenswerteste Weg (Abbildung 12 c). Durch die Schönung wird der Most klar, eine Feinfiltration kann folgen. Die Schönung bindet auch störende Gerbstoffe und Eiweiß, die beide zu einem späteren Zeitpunkt ausflocken und Trübungen verursachen könnten.

Abbildung 12 a, b, c: Wege zur klaren und stabilen Tanklagerung

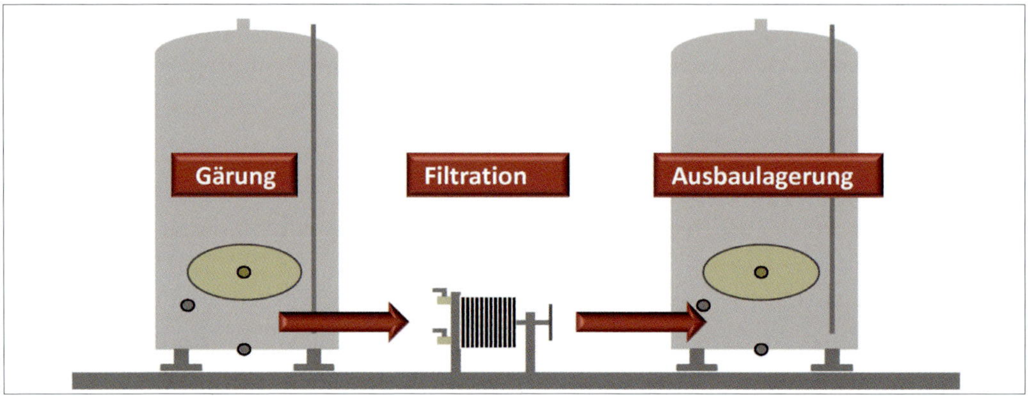

a: Weg 1

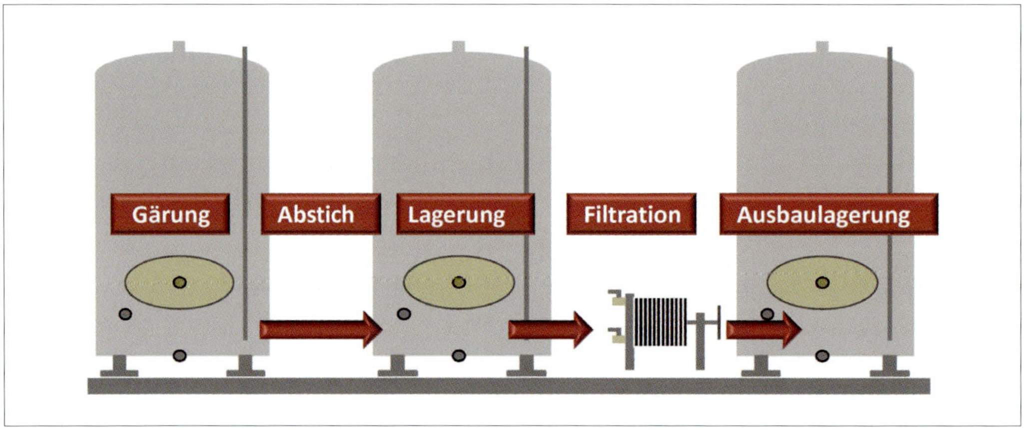

b: Weg 2

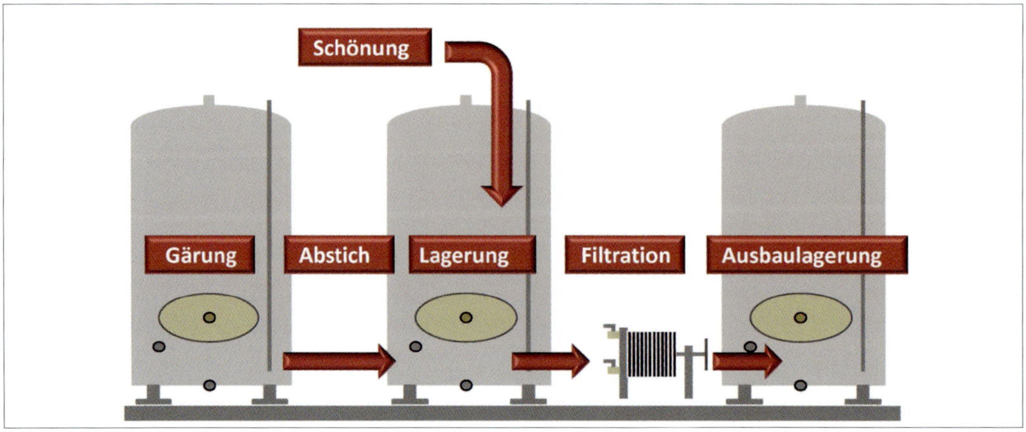

c: Weg 3

Säureaufbesserung

Während der Gärung kann es durch bakteriologischen Einfluss zu einem mehr oder weniger starken Säureabbau kommen. Um diesen Verlust auszugleichen, empfiehlt sich der Zeitpunkt des Abstiches.

Korrekturen über 1 g/l sollten durch eine Mischung von Apfelsäure und Zitronensäure im Verhältnis 1 : 1 erfolgen. Damit wird die zugegebene Säure weniger spitz und scharf wahrgenommen (siehe „Pressaftbehandlung", Seite 34).

Analytische Kontrollen

Neben den sensorischen Kriterien wie Aussehen, Geruch und Geschmack geben die unten angeführten Analysewerte über die Qualität und zukünftige Haltbarkeit und innere Stabilität Auskunft.

Säurebestimmung

Die Bestimmung des Säurewertes hilft Ihnen folgende Fragen zu klären: Hat der Säurewert während der Gärung abgenommen? Wenn ja, warum? Ist ein biologischer, krankhafter Säureabbau daran schuld oder ist der Obstwein einfach zu lange am Geläger liegen geblieben?

Durch den Gärprozess wird der Säuregehalt angegriffen. Je niedriger der Ausgangswert war, desto höher ist die Gefahr eines verstärkten Säureabbaus während bzw. kurz nach der Gärung. Dies kann bis zum Verderb des Produktes führen. Für den Erzeuger ist daher dieser Wert als Haltbarkeitskriterium aussagekräftig. Liegt der Wert unter der kritischen Marke von 6 g/l, so muss mittels Zitronen- oder Apfelsäure aufgebessert werden (siehe Kapitel „Säurebstimmung", Seite 116).

Alkoholgehalt

Die Bestimmung des Alkoholgehaltes ist notwendig, um folgende Fragen zu beantworten: Wie hoch ist der Alkoholgehalt? Werden die gesetzlichen Normen erfüllt? Details zur Bestimmung des Alkoholgehaltes finden Sie auf Seite 115.

INFO!

Der Alkoholgehalt muss am Etikett angegeben werden.

Restzuckerbestimmung

Ist Restzucker vorhanden? Wenn ja, ist dieser Restzucker in einer Menge vorhanden, die eine Nachgärung erwarten lässt?

Werte unter 3 g unvergorener Zucker pro 100 l werden bei einer späteren Flaschenfüllung keine Stabilitätsprobleme verursachen. Bei höheren Werten besteht die Gefahr einer Nachgärung. Der Durchgärungsgrad ist in hohem Maße abhängig von der Hefewahl und den Gärbedingungen.

SO_2-frei-Bestimmung

Wie hoch liegt der Gehalt an freier Schwefeliger Säure nach der Schwefelung? Liegt er im Idealbereich für eine längere Lagerung? Bei pH 3,2–3,4 sollten 25–35 mg/l Schwefel vorhanden sein, der über vier Wochen stabil bleibt.

Bei höheren pH-Werten muss der Gehalt an freier Schwefeliger Säure höher liegen. Wird der Most bald verbraucht, kann auf eine zweite Schwefelung verzichtet werden. (Mehr dazu siehe „Schwefelung", nächste Seite).

Eiweißüberprüfung

Ist hitzeempfindliches Eiweiß vorhanden, das zu einem späteren Zeitpunkt Ausflocken und Trübungen verursachen kann? Das lässt sich mit einem Bentotest leicht überprüfen (siehe Seite 92).

HINWEIS!

Für all diese Überprüfungen gibt es entweder die Möglichkeit, eine Probe an ein Weinlabor zu senden oder, für größere Betriebe, sich zur Qualitätskontrolle ein eigenes Labor einzurichten.

SCHWEFELUNG

Schwefel bzw. dessen verschiedene Formen haben in der modernen Kellerwirtschaft einen festen Platz eingenommen. Es ist nicht möglich, ganz ohne Schwefelige Säure einen haltbaren Flaschenmost zu erzeugen. Es gibt trotz intensiven Forschungsarbeiten keinen Ersatzstoff, der die unterschiedlichsten Wirkungen und Aufgaben der Schwefeligen Säure übernehmen kann.

Aus diesem Grunde ist die Schwefelige Säure schon seit Jahrhunderten eine unentbehrliche Hilfe der Kellertechnik. Es muss aber jedem bewusst sein, dass diese Säure in größeren Mengen gesundheitsschädlich ist und nur ein bewusster, gezielter Einsatz sinnvoll ist.

Schwefel wird in unterschiedlichsten Formen eingesetzt. Am bekanntesten sind Schwefelschnitten, welche zur Holzfasskonservierung verwendet werden. Als Desinfektionsmittel diente lange Zeit Schwefelige Säure in 1–2-prozentiger Form, welche aber immer mehr durch Mittel auf Basis von Wasserstoffperoxid verdrängt wird.

Zur Schwefelung des Obstmostes wird Schwefel in Form von Kaliumpyrosulfit eingesetzt.

Aufgaben der Schwefelung des Obstweines

Bindung des Gärnebenproduktes Acetaldehyd

Acetaldehyd wird während der Gärung gebildet und lässt den Most am Gaumen leer erscheinen. In der Kostersprache spricht man vom „Luftton" – dieser wird durch die Schwefelung abgebunden, und der Most erscheint am Gaumen kräftiger, mit einem stärkeren Körper.

Bindung des im Getränk gelösten Sauerstoffes

- verhindert Oxidationen (Braunfärbungen) und
- entzieht luftlebenden (aeroben) Mikroorganismen (wie z. B. Essigsäure- und Milchsäurebakterien) die Lebensgrundlage.

INFO!

Obstmost ist durch den geringen Alkohol- und Säuregehalt anfällig gegenüber schädlichen Mikroorganismen. Durch eine sachgerechte Arbeitsweise ist es jedoch möglich, den Schwefelbedarf gering zu halten. Dies kann erreicht werden durch:

- gesundes, sauberes Obst
- rasche Verarbeitung
- Entschleimung
- zügige Reinzuchthefevergärung
- hygienische Arbeitsweise

Tabelle 6: Schwefelformen und deren Anwendungsbereiche

Schwefelform	Handelsform	Anwendungsbereich
Kaliumpyrosulfit ($K_2S_2O_5$) Salz der Schwefeligen Säure	in Pulverform 10 g oder 1 kg	zur Maische-, Presssaft- oder Mostschwefelung
Reiner Schwefel (S)	Asbestschwefelschnitten	bei der Verbrennung bildet sich Schwefeldioxid (SO_2); wirkt keimtötend zur Fasskonservierung
Schwefelige Säure (H_2SO_3)	als 5–6-prozentige Schwefelige Säure	zur Fasskonservierung, Desinfektionsmittel bei entsprechender Verdünnung
Schwefeldioxid (SO_2)	in Druckgasdosen als 100-prozentiges SO_2-Gas	Fasskonservierung, Presssaft- und Obstweinschwefelung

Kaliumpyrosulfit

Zur Schwefelung der Maische, des Pressaftes bzw. des vergorenen Getränkes kommt in erster Linie Kaliumpyrosulfit in Frage. Es ist pulvrig und in Kilogramm-Packungen oder in 10-g-Säckchen im Handel erhältlich. In Kaliumpyrosulfit ist nur die Hälfte wirksames SO_2 enthalten.

Anwendung: Es wird, bevor es dem Fass beigemischt wird, in einer kleinen Menge Most gelöst. Anschließend zum Fassinhalt gegeben und gründlich eingerührt (mind. 15 Minuten pro 1.000 Liter – am besten mit einem Bohrmaschinenrührwerk)!

Wie bereits erwähnt, kann auf eine Schwefelung des Gärmostes nicht gänzlich verzichtet werden. Bei sachgerechter Arbeit und gesundem Obst reichen zwei Gaben von je 10 g Kaliumpyrosulfit pro 100 Liter Obstmost.

- Erste Schwefelung beim Abzug vom Hefedepot (erster Abstich)
- Zweite Schwefelung im Laufe der Ausbaulagerung bzw. kurz vor der Flaschenfüllung

Abbildung 13: Zusammensetzung des Gehaltes an gesamter Schwefeliger Säure (SO_2)

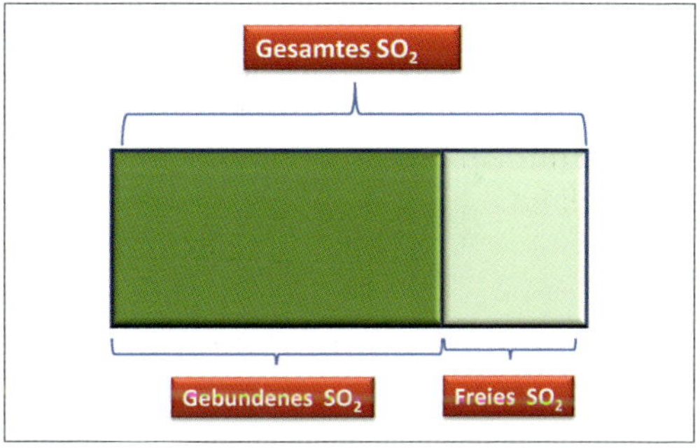

Der zugegebene Schwefel (Kaliumpyrosulfit) wird im Gärmost zu einem Teil durch Gärnebenprodukte (Acetaldehyd) gebunden. Er ist somit inaktiv und wird als **gebundene Schwefelige Säure** bezeichnet. Der restliche Anteil bleibt ungebunden. Dieser wird als **freie Schwefelige Säure** bezeichnet und bildet einen aktiven Schutz gegenüber Mikroorganismen.

FORMEL!

Gesamtes SO_2 = freies SO_2 + gebundenes SO_2

INFO!

Der Gehalt an freier Schwefeliger Säure ist neben dem Säuregehalt ein wichtiger Indikator für die Haltbarkeit des Gärmostes. Laut österreichischem Weingesetz darf im Obstwein nicht mehr als 50 mg/l freie Schwefelige Säure und 200 mg/l gesamte Schwefelige Säure vorhanden sein.

Angestrebt wird ein Gehalt an freier Schwefeliger Säure von 25–30 mg/l. Bleibt dieser Wert über längere Zeit gleich, so ist der Most als „stabil" anzusehen.

Aufschwefeln

Um auf den gewünschten Wert von 25–30 mg/l an freier Schwefeliger Säure zu kommen, wird im Laufe der Ausbaulagerung eine Aufschwefelung notwendig sein. Das Untersuchungszeugnis eines Wein- oder Mostberatungslabors stellt die Grundlage für eine Aufschwefelung dar.

FORMEL! Die anzuwendende Menge errechnet sich wie folgt:

Fehlende mg SO_2 frei /Liter x 2 = g Kaliumpyrosulfit auf 1.000 Liter

Rechenbeispiel:
Festgestellter Gehalt an freier
Schwefeliger Säure .... 8 mg/l
Erwünschter Gehalt an freier
Schwefeliger Säure .... 30 mg/l
Es fehlen daher .... 22 mg/l
Daher folgender Rechengang:
22 x 2 = 44 g Kaliumpyrosulfit (KPS)/1.000 l

„Schwefelfresser"

Bei manchen Obstweinen kann der Fall eintreten, dass in der Ausbaulagerung kein stabiler SO_2-frei-Gehalt erreicht wird. Er nimmt laufend ab. Um das Defizit auszugleichen und auf die angestrebten 25–30 mg/l SO_2-frei zu kommen, wird wiederum nachgeschwefelt. Dadurch steigt aber der Gesamtschwefelgehalt. Solche Moste werden als „Schwefelfresser" bezeichnet. Das Problem ist, dass hier eine stille Nachgärung aktiv ist, bei der Acetaldehyd (Gärnebenprodukt) gebildet wird, welches ständig gebunden wird. Solchen Schwefelfressern begegnet man am besten nicht mit ständigem Nachschwefeln, sondern mit der Unterbrechung der Nachgärung.

INFO!

Je sorgfältiger gearbeitet wurde, desto geringer ist der Schwefelbedarf.

Um eine stille Nachgärung von vornherein zu vermeiden, ist die Durchführung eines Clinitestes vor dem ersten Abstich erforderlich (siehe Kapitel „Gärung", Seite 43).

Behandlung der „Stillen Nachgärung"

Die Behandlung eines solchen Mostes wird abhängig sein vom noch vorhandenen Restzuckergehalt.

Je nach Geräteausstattung bieten sich drei Möglichkeiten an:

- Gärung nochmals in Schwung bringen: Süßmost wird in der Menge von 10 % des Fassinhaltes mit Reinzuchthefe versetzt. Erreicht dieser Ansatz die Phase der stürmischen Gärung, wird er dem „Restzuckermost" beigegeben. Nachdem die Gärung beendet ist, wird der Most vom Geläger abgezogen, filtriert und stabil ausgebaut.
- Rascher Verbrauch
- Kühle Lagerung (kühlen) – stärkere Schwefelung – klären – Entkeimungsfiltration

Schwefelschnitten (reiner Schwefel) zur Trockenkonservierung von Holzfässern

Durch Abbrennen von Schwefelschnitten in ausgewaschenen und ausgetrockneten Holzfässern können diese konserviert werden. Schwefelschnitten sind mit einem feinen Belag elementaren Schwefels überzogen. Dieser Schwefel bindet sich bei der Verbrennung an Sauerstoff. Es entsteht Schwefeldioxid.

Bei der Verbrennung wird Sauerstoff verbraucht und damit den Mikroorganismen die Lebensgrundlage entzogen. Das entstandene Schwefeldioxid hemmt die Keimvermehrung im Holzfass zusätzlich.

Der Schwefeleinschlag sollte allmonatlich erfolgen. Trocken konservierte Fässer sind vor Gebrauch mit Sodalösung zu reinigen und gut zu wässern, da sich durch oftmaliges Abbrennen von Schwefelschnitten Schwefelsäure bildet.

200 l Fassinhalt – 1 Schwefelschnitte
400 l Fassinhalt – 1,5 Schwefelschnitten
800 l Fassinhalt – 2 Schwefelschnitten
1.600 l Fassinhalt – 3 Schwefelschnitten

Schwefelige Säure

Im Handel ist eine 5–6-prozentige Schwefelige Säure erhältlich, die sich durch Verdünnung mit Wasser auf 2 % zur Sterilisierung von Flaschen, Korken etc. und zur Nasskonservierung von Holzfässern eignet.

HINWEIS!

Tragen Sie beim Hantieren mit Schwefeliger Säure unbedingt geeignete Schutzkleidung!

FORMEL! Die Verdünnung:

Vorhandene % ÷ gewünschte % – 1 = zuzusetzende Wassermenge

z. B. $5 \div 2 - 1 = 1{,}5$

Dies bedeutet: Zu einem Liter 5-prozentiger Schwefeliger Säure sind 1,5 Liter Wasser zuzusetzen, um eine 2-prozentige Lösung zu erhalten.

Der Einsatz von 2-prozentiger Schwefeliger Säure zur Desinfektion wird in der Kellertechnik weitestgehend vermieden, da es einen einfacheren und sicherer anzuwendenden Ersatzstoff gibt. Es ist dies eine Form von **Wasserstoffperoxid**, die zur Desinfektion von Flaschen, Schläuchen, Tanks und Abfüllanlagen nach vorhergehender Reinigung eigesetzt wird.

Nasskonservierung von Holzfässern

Nach gründlicher Reinigung wird das Holzfass zur Hälfte mit Wasser gefüllt. Danach gibt man pro 100 l Fassinhalt ein Liter Schwefelige Säure hinzu (d. h. für ein 300-Liter-Fass benötigt man drei Liter 5-prozentige Schwefelige Säure). Nun wird das Fass mit Wasser spundvoll gefüllt, es wird umgerührt und verschlossen.

Durch dieses Mischungsverhältnis erhält man eine 0,05-prozentige Konservierungslösung, die jegliche Vermehrung von schädlichen Mikroorganismen (Essigsäurebakterien etc.) unterbindet. Das Fass kann auch nicht austrocknen. Diese Methode ist die sicherste Art der Holzfasskonservierung. Die Verdunstungsverluste sind fallweise durch Wasser zu ersetzen.

INFO!

Die Konservierungslösung verhindert die Vermehrung von schädlichen Mikroorganismen.

Vor Gebrauch wird die 0,05-prozentige Schwefelige Säurelösung mit dem Desinfektinsmittel auf Basis von Wasserstoffperoxid (z. B. mit „Bisteril") neutralisiert und entsorgt.

Zusammenfassung: Die Schwefelung des Gärmostes

Warum?

- Um schädliche Mikroorganismen zu unterdrücken (Essigsäure-, Buttersäurebakterien ...)
- Um Gärnebenprodukte (Acetaldehyd) zu binden
- Um Bräunungen (Oxidation) zu verhindern

Womit?

Zur Maische-, Presssaft- und Mostschwefelung kommt nur Kaliumpyrosulfit in Frage (Briefchen mit 10 g Inhalt oder aber auch lose in Kilogramm-Packungen).

Wie?

Kaliumpyrosulfit wird, bevor es dem Fass beigemischt wird, in einer kleinen Menge Most gelöst. Erst anschließend wird es zum Fassinhalt geschüttet und gründlich gemischt.

Wann und in welcher Menge?

- Vor der Gärung 5 g pro 100 Liter
- Beim Abziehen vom Hefedepot nochmals 12 g pro 100 Liter
- Während der Lagerung nach Bedarf aufgrund von Laboruntersuchungen – anzustreben ist ein gleichbleibender Gehalt an „freier Schwefeliger Säure" von 25–30 mg/l (Berechnung siehe Kapitel „Aufschwefeln", Seite 58).

Was versteht man unter "freier Schwefeliger Säure"?

Die hinzu gegebene Schwefelige Säure (Kaliumpyrosulfit) wird zum Teil gebunden (Mikroorganismen, Gärnebenprodukte), und zum anderen Teil bleibt sie als ungebundene so genannte „freie Schwefelige Säure" vorhanden. Nur diese „freie Schwefelige Säure" ist aktiv und bildet eine Schutzwirkung. Erst, wenn der Gehalt an freier Schwefeliger Säure über mehrere Wochen konstant bleibt, sind mikrobiologische Vorgänge abgeschlossen, und man spricht dann von einem „stabilen" Most.

SCHÖNUNG

Schönung von Obstwein

Unter Schönung versteht man das Zusetzen von Schönungsmitteln, um unerwünschte Stoffe zu binden. Es ist dies ein rein physikalischer Vorgang, bei dem durch Ladungsausgleich Flocken gebildet werden, die durch die Schwerkraft zu Boden sinken.

Gründe für eine Schönung können sein:

- Den Most zu klären
- Den Most zu stabilisieren
- Geschmacks-, Farb- oder Geruchsfehler zu beheben
- Filtrierbarkeit zu erhöhen

Die älteste und auch heute noch am meisten eingesetzte Schönungsart ist die zur Klärung trüber Obst- oder Traubenweine.

Schon im 16. Jahrhundert wurde diese Schönungsart bei Traubenweinen praktiziert, damals noch mit Eiereiweiß – heute wird dafür spezielle Gelatine verwendet.

Egal, ob nun eine Schönung wegen Trubbeseitigung, Eiweißbindung oder Gerbstoffminderung eingesetzt wird – einige Grundvoraussetzungen müssen immer erfüllt werden:

- Der zu schönende Obstmost darf nicht mehr gären
- Der Most muss vom Geläger gezogen sein.
- Je niedriger der pH-Wert, desto besser „zieht" eine Schönung.
- Das passende Schönungsmittel muss in richtiger Dosierung (Vorversuche) vorliegen
- Gewissenhafte Vorbereitung des Schönungsmittels sowie gute Verteilung im zu schönenden Getränk

Schönungsmittel

Die größten Schwierigkeiten bereiten für den Laien die unterschiedlichsten Arten, Bezeichnungen und Konzentrationen der Schönungsmittel. Vor jeder Anwendung ist das technische Merkblatt genau zu studieren.

Hier ist eine fachliche Beratung im Kellereiartikelhandel bzw. bei Beratungsstellen sehr hilfreich.

Abbildung 14: Schönung von Obstwein

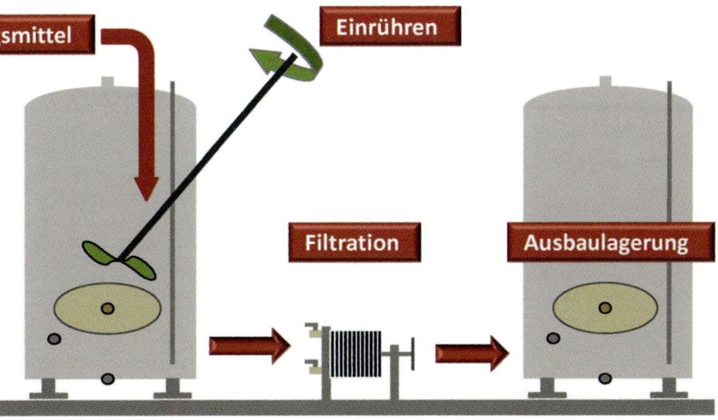

HINWEIS!

Eine Schönung ist ein elektrostatischer Ladungsausgleich. Lesen Sie vor der Anwendung von schönungsmitteln das technische Merkblatt genau durch!

TIPP!

Da es auf dem Markt von Schönungsmitteln laufend neue Produkte gibt, ist es ratsam, sich darüber genauer zu informieren. Verstärkt werden Kombinationspräparate angeboten, welche eine äußerst rasche Klärung aufweisen.

Auf der Homepage des Bundesamtes für Weinbau (Servicestelle für die österreichische Weinwirtschaft) sind unter dem Begriff „Weinbehandlungsmittel" alle in Österreich zugelassenen Weinbehandlungsmittel aufgelistet.

Der Flockungsverlauf innerhalb weniger Stunden. Nach weiteren zwei bis drei Tagen wird sich der abgesetzte Schönungstrub am Fassboden kompakt komprimieren.

Abbildung 15: Wirkungsweise von Schönungsmitteln

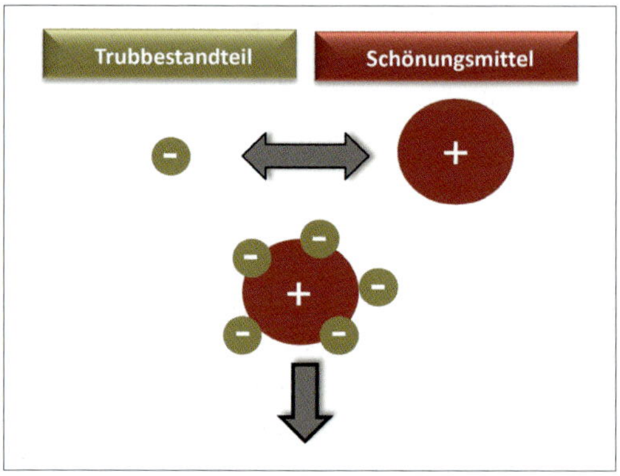

Das Schönungsmittel sinkt mit dem Trubbestandteil zu Boden

Ab dem Jahre 2010 besteht Kennzeichnungspflicht für Allergene Behandlungsmittel bei Traubenwein, sofern sie Ei oder Milchprodukte enthalten.

Prinzip einer Schönung

Grundvoraussetzung jeder Art von Schönung ist es, dass sowohl das verwendete Schönungsmittel als auch der unerwünschte Weininhaltsstoff nach der Schönung im Schönungstrub wiederzufinden sind.

Vereinfacht gesagt, ist das Prinzip einer Schönung in den meisten Fällen ein Ladungsausgleich. Ein Schönungsmittel mit positiver Ladung bindet Trubbestandteile, die negativ geladen sind. Durch das Zusammenprallen beider Stoffe kommt es zu einer spezifischen Gewichtserhöhung, und das Kolloid sinkt zu Boden. Somit ist sowohl das Schönungsmittel als auch der auszuschönende Stoff gebunden. Durch Abzug vom Schönungsgeläger mit gleichzeitiger Filtration erfolgt die Trennung vom Getränk.

Klärschönung

Am häufigsten findet in der Obstweinproduktion die Klärschönung Anwendung. Bei störenden Gerbstoffen können durch die richtige Wahl des Schönungsmittels diese beseitigt bzw. abgerundet und harmonisiert werden.

Wenn nach Abschluss der Gärung (Clinitest) der Most keine Anzeichen einer Klärung zeigt, so kann nach Abzug vom Hefedepot mit einer Schönung eine Klärung herbeigeführt werden. Zu diesen Klärmitteln zählen Gelatine, Hausenblase, Eiweiß, Kombinationspräparate und unter bestimmten Voraussetzungen auch Bentonit.

Hausenblase

Sie wird aus den Schwimmblasen des Hausenfisches gewonnen. Ihr Einsatzbereich liegt bei hohen pH-Werten bzw. bei geringen Temperaturen, z. B. Schönung von Birnenweinen oder Obstweinen in Außentanks.

Feste und flüssige Gelatine

Gelatine

INFO!

Gelatine wird in der Praxis immer in Kombination mit Kieselsol angewandt.

Gelatine ist das Schönungsmittel, welches in der Obstmostbereitung am häufigsten verwendet wird. Gewonnen wird Gelatine aus Häuten, die beim Erhitzen mit Wasser erst Gelatine und später Leim ergeben. Gelatine findet in der Lebensmitteltechnologie häufig Anwendung, sei es bei Aufstrichen, Fruchtdesserts, Süßspeisen etc. Normale Speisegelatine ist basisch aufgeschlossen. Für die Mostherstellung muss die Gelatine sauer aufgeschlossen sein. Somit eignet sich nur speziell für die Weintechnologie entwickelte Gelatine.

In der Kellerwirtschaft finden zwei Formen Anwendung:

- pulverförmige Gelatine
- flüssige Gelatine

Pulverförmige Gelatine

Liegt in 100-prozentiger Form vor und wird sowohl zur Gerbstoffminderung (starke Polyphenolbindung) als auch zur Klärschönung eingesetzt. Hauptanwendungsgebiet sind daher gerbstoffreiche Birnenmoste.

INFO!

Pulvergelatine bildet größere Schönungsflocken.

Abbildung 16: Vorbereitung von fester Gelatine

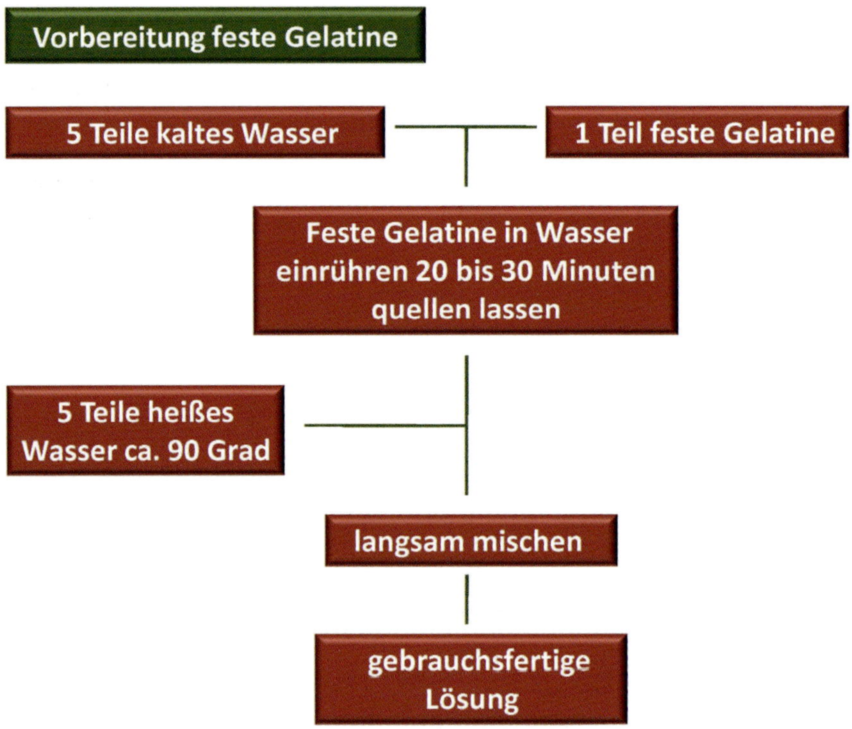

Die pulverförmige Gelatine muss vor der Anwendung in einen flüssigen Zustand gebracht werden. Diese Vorbereitungsarbeit, die sehr gewissenhaft durchgeführt werden muss, ist es auch, die im Normalfall der flüssigen Gelatine den Vorzug gibt.

Flüssige Gelatine

Hier liegt die Gelatine in einer Lösung von 20 % vor. Wegen der einfachen und doch sicheren Wirkung wird diese im Regelfall eingesetzt.

Gelatine mit Kieselsol kombinieren?

Bei sehr trüben Mosten oder Obstweinen mit geringem Gerbstoffgehalt ist häufig eine nur unvollständige Ausflockung der zugesetzten Gelatinemengen feststellbar. Hier bleibt möglicherweise Gelatine als Eiweißsubstanz zurück und kann zu Nachtrübungen führen. Aus diesem Grunde sollte die Gelatinebehandlung nur als Kombinationsschönung mit Kieselsol vorgenommen werden. Damit ist die Anwendung risikolos und der Erfolg gesichert.

Darüber hinaus bewirkt besonders die kombinierte Anwendung von saurem Kieselsol (z. B. Klar-Sol Super) zudem eine meist bessere und intensivere Klärung. Dies gilt besonders bei pH-Bereichen von 3,4 bis 3,9 – ein Bereich, in dem sich der Obstmost in 90 % aller Fälle bewegt.

Tabelle 7: Schönungsarten (Angaben beziehen sich auf je 100 Liter Obstwein)

Standardschönung mit	
flüssiger Gelatine	**fester Gelatine**
100 ml 15-prozentiges Kieselsol (z. B. Klar-Sol Super) gut einrühren 50 ml flüssige Gelatine (z. B. Erbigel liquid) gut einrühren	100 ml 15-prozentiges Kieselsol (z. B. Klar-Sol Super) gut einrühren 10 g feste Gelatine (z. B. Erbigel) gut einrühren

HINWEIS!

Bei Gelatineüberschönung ist Kieselsol nachzudosieren.

FAUSTZAHLEN für Klärschönungen

(Angaben beziehen sich auf 100 Liter)

Sehr trübe Obstweine:
120 ml 15-prozentiges Kieselsol
60 ml flüssige Gelatine bzw. 12 g feste Gelatine

Leichte Trübung:
60 ml 15-prozentiges Kieselsol
30 ml flüssige Gelatine bzw. 6 g feste Gelatine

Sollen Gerbstoffe entfernt werden, gibt es Kieselsolpräparate im Handel, die etwas teurer sind, aber eine höhere Gerbstoffbindung aufweisen. Zusätzlich sollte anstatt der flüssigen besser feste Gelatine oder Kombinationspräparate verwendet werden, die Polyphenole (Gerbstoffe) stärker binden.

Grundsätzlich sind vor jeder Schönung Schönungsvorversuche durchzuführen, um die notwendige Aufwandsmenge zu ermitteln. Bei den Klärschönungen wird jedoch in der Praxis, wenn die Rahmenbedingungen entsprechen, meist mit Standardschönungen gearbeitet.

Vorversuche

Um vor jeder Schönung sicher zu gehen, sind Vorversuche anzuraten.

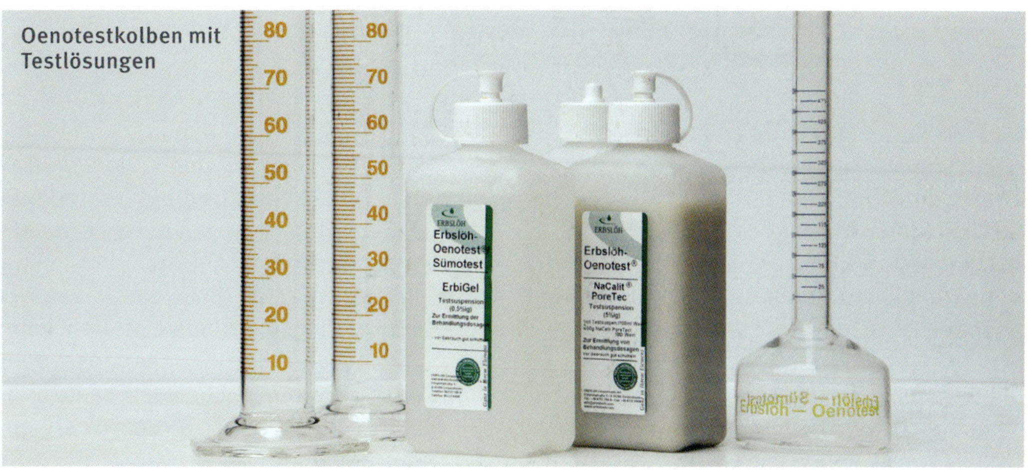

Oenotestkolben mit Testlösungen

Anstellen von Vorversuchen mit den vorhandenen Schönungsmitteln

Für diese Vorversuche werden 1- bzw. 10-prozentige Testlösungen benötigt.

1-prozentige Gelatinelösung:

10 g feste Gelatine
990 ml Wasser
} **1 Liter Testlösung** { **50 ml flüssige Gelatine** (enthält 20 % Gelatine) 950 ml Wasser

10-prozentige Kieselsollösung:

100 ml Kieselsol
900 ml Wasser
} **1 Liter Testlösung**

Abbildung 17: Versuchsaufbau Schönungsvorversuch

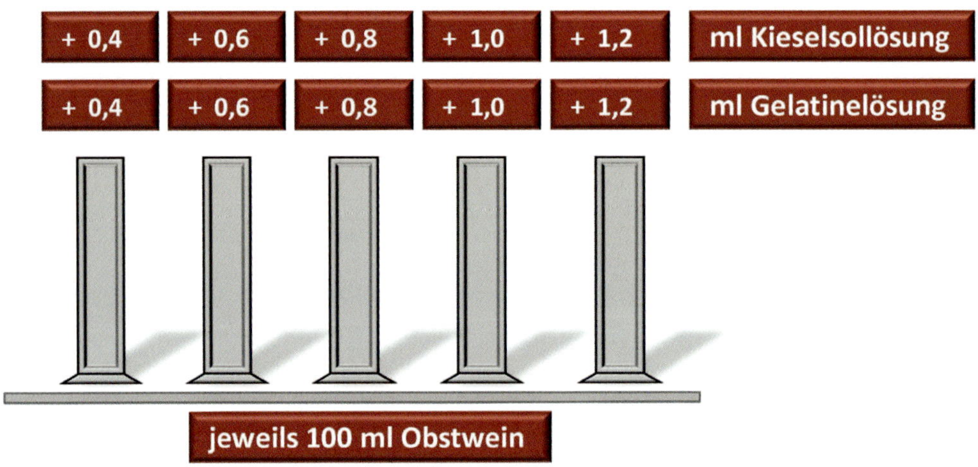

Folgende Möglichkeiten für Vorversuche stehen zur Verfügung:

- Oenotest
- Anstellen von Vorversuchen mit vorhandenen Schönungsmitteln

Oenotest

Als einfache und sichere Methode hat sich der Oenotest von Erbsöh erwiesen. Dabei werden Testlösungen und ein Testkolben verwendet. Einfache Anwendung sowie genaue Aussage sind garantiert.

Wenn diese Geräte (im Weinfachhandel erhältlich) nicht zur Verfügung stehen, kann man sich an ein einschlägiges Most- oder Weinlabor wenden, welches diese Schönungsvorversuche für Ihren Obstwein durchführen können.

Tabelle 8: Vom Schönungsversuch zur Fassschönung

	Kieselsol 15-prozentig		Gelatine flüssig		Gelatine pulverförmig	
	Zugabe im Vorversuch	Zugabe ins Fass pro 100 Liter	Zugabe im Vorversuch	Zugabe ins Fass pro 100 Liter	Zugabe im Vorversuch	Zugabe ins Fass pro 100 Liter
1	0,4 ml	40 ml	0,4 ml	20 ml	0,4 ml	4 g
2	0,6 ml	60 ml	0,6 ml	30 ml	0,6 ml	6 g
3	0,8 ml	80 ml	0,8 ml	40 ml	0,8 ml	8 g
4	1,0 ml	100 ml	1,0 ml	50 ml	1,0 ml	10 g
5	1,2 ml	120 ml	1,2 ml	60 ml	1,2 ml	12 g

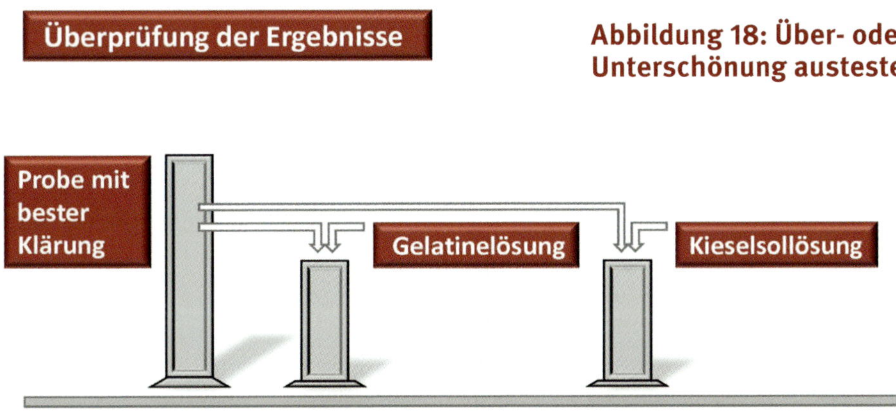

Abbildung 18: Über- oder Unterschönung austesten

Drei bis fünf Standzylinder werden mit je 100 ml Most gefüllt. Mit der Pipette werden nun steigende Mengen der Testlösung beigegeben. Eine genaue 1-ml-Pipette ist dazu erforderlich.

Zuerst wird die Kieselsollösung zupipettiert, gut verteilt, und erst im Anschluss daran wird die Gelatinelösung hinzugefügt. Nach guter Durchmischung bleibt der Zylinder einige Stunden ruhig stehen. Der Schönungsvorversuch mit der besten Klärung wird für die Fassschönung verwendet.

Die Probe mit der besten Klärung wird abfiltriert und auf zwei Teile aufgeteilt. Zu einem Teil gibt man einige Tropfen der Gelatinelösung, zum anderen Teil einige Tropfen der Kieselsollösung. Damit kann eine Über- oder Unterschönung ausgetestet werden.

Kommt es nach der Zugabe der Gelatinetropfen zu einer Trübung, so ist eine Unterschönung vorhanden – es wurde zu wenig Gelatine verwendet.

Kommt es nach der Zugabe der Kieseltropfen zu einer Trübung, so ist eine Überschönung vorhanden – es wurde zu viel Gelatine verwendet.

Stabilisierungsschönung

Anders als bei Traubenweinen hat man bei Obstweinen relativ wenig mit Eiweißtrübungen zu tun. Trotzdem können jahrgangsbedingt erhöhte Eiweißmengen festgestellt werden. In der Süßmostherstellung bereitet das Eiweiß bei der Erhitzung mehr Probleme als in der Gärmostbereitung, da durch die Gärung und die anschließenden Behandlungsschritte ein ständiger Abbau erfolgt, d. h., die größte Eiweißmenge ist immer im Presssaft zu finden.

Eiweiß kann im vergorenen Getränk zu einer Nachtrübung führen. Auslösende Faktoren sind entweder Temperatur- bzw. eine pH-Wert-Änderung (Verschnitt, Säureabbau etc.), aber auch Inhaltsstoffe wie Eisen oder Gerbstoffe können sich mit Eiweiß zu einer hartnäckigen Trübung entwickeln. Gerade der letztgenannte Fall kommt in der Obstweinbereitung häufiger vor. Leicht zu erkennen ist diese Trübung, wenn der Most im Kühlschrank weiß wird und nach dem Herausnehmen bei Zimmertemperatur die gewohnte Farbe wieder annimmt.

INFO!

Eiweiß ist thermolabil und kann zu einem späteren Zeitpunkt zu Trübungen führen.

Eiweiß-Gerbstoff-Trübungen sind aber vom Behandlungsstandpunkt aus kein Problem. Besonders unangenehm ist dies aber dann, wenn der Obstmost bereits auf Flasche liegt. Ein erneutes Entleeren, Schönen, Filtrieren und Füllen bereitet einerseits viel Arbeit und kostet Geld, und andererseits bekommt dem Getränk eine solche Belastung nicht besonders. Es ist daher unbedingt notwendig, gerade bei der Flaschenfüllung auf das Vorhandensein von Eiweiß Rücksicht zu nehmen.

Mit der Bentonitschönung hat man eine sichere Möglichkeit, solche Eiweißstoffe aus dem Wein zu entfernen. Es ist bekannt, dass bei einer reinen Gelatineschönung, die nicht in Kombination mit Kieselsol durchgeführt wurde und bei der es aufgrund mangelnder Vorversuche zu einer Überschönung kam (zu viel ungebundene Gelatine im Obstwein), nachträglich Trübungen eintreten können. Diese Gelatineüberschönungen sind ebenfalls mit Bentonit zu behandeln.

Soll Obstmost in Flaschen gefüllt werden, so ist auf eine gründliche chemische Analyse nicht zu verzichten. Das Risiko von Nachtrübungen oder Nachgärungen (Restzucker) ist einfach zu groß.

HINWEIS!

Zu hohe Bentonitmengen greifen auch Farbe, Geruch und Geschmack des Mostes an.

Eiweiß lässt sich im Getränk entweder mit dem Bentotest oder auf sichere Art mit dem Wärme-Kälte-Test nachweisen (Eiweißnachweis, siehe „Flaschenfüllung“, Seite 91).

Bentonit als Schönungsmittel

Anwendungszeitpunkte

Bei der Süßmostbereitung wird Bentonit im Zuge der Kieselsol-Gelatine-Schönung angewendet, indem man zum Schluss 50–100 g Bentonit pro 100 Liter beigibt. Dies garantiert, dass bei der Erhitzung (Röhren- oder Plattenwärmetauscher) kein thermolabiles Eiweiß ausfallen kann. Bei der Gärmostbereitung gibt es zwei Möglichkeiten, Bentonit einzusetzen:

1. Vor der Gärung
2. Vor der Flaschenfüllung

1. Vor der Gärung

50–150 g/100 Liter in den Entschleimtank beigemischt, unterstützt das Absetzen des Trubes und die Bindung von Eiweiß. Eine frühzeitige Entfernung von Eiweiß ist von Vorteil, da eine spätere Bentonitschönung im vergorenen Getränk sowohl Farb-, Geruchs- und Geschmacksstoffe angreift. Besonders deutlich wird dies bei höheren Aufwandsmengen. Durch den Abzug vom Entschleimungstrub kommt es wieder zur Trennung (Näheres, siehe „Entschleimung“, Seite 39).

Es besteht auch die Möglichkeit, Bentonit vor der Gärung hinzuzugeben und die Trennung erst im Zuge des ersten Abstiches vorzunehmen. Im Geläger befindet sich dann das gebundene Bentonit. Der Vorteil liegt in der Einsparung eines Arbeitsganges.

2. Vor der Flaschenfüllung

Egal ob nun eine Bentonitschönung vor der Gärung durchgeführt wurde oder nicht, im Zuge der Analyse, die vor der Flaschenfüllung unbedingt erledigt werden muss, sollte auch die Anwesenheit von Eiweiß untersucht werden. Dieser Anwendungszeitpunkt ist die letzte Möglichkeit, Eiweiß aus dem Getränk zu entfernen. Vorversuche sind hier aber zweckmäßig.

Bei der Bentonitschönung werden gleichzeitig unerwünschte, während der Gärung durch Bakterien gebildete biogene Amide (Aminosäuren), wie Histamin und Tyramin, entfernt, denen teilweise die Unverträglichkeit von Obstweinen und sogar Kopfschmerzen zugeschrieben werden.

3. Bei steckengebliebenen Schönungen

Eine Gelatine-Schönung, welche sich nicht optimal abgesetzt hat, kann sehr gut mit 100 g Bentonit pro 100 Liter geklärt werden.

Anwendungsmengen für Bentonit

INFO!

Die gesetzliche Höchstmenge liegt bei 400 g/100 Liter. In der Obstweinbereitung sind diese hohen Werte im Normalfall nicht notwendig.

Leichte Schönung:
50–100 g/100 Liter

Mittlere Schönung:
100–200 g/100 Liter

Starke Schönung:
300–400 g/100 Liter

HINWEIS!

In der Praxis hat sich gezeigt, dass Flaschentrübungen hauptsächlich auf Nachgärungen zurückzuführen sind und seltener auf Eiweiß.

Bentonit ist als Schönungsmittel beliebt, weil er auch Fehltöne binden kann.

Abbildung 19: Bentonitvorbereitung

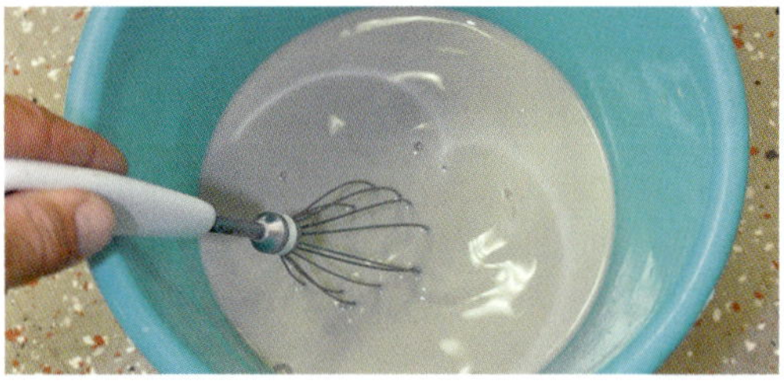

So bereiten Sie die Bentonit-Schönung vor: Wasser verwerfen, Aufrühren und Einrühen (von oben nach unten)

Da bei größeren Mengen die Farbe, der Geruch und der Geschmack angegriffen werden, sind beim Einsatz im vergorenen Obstmost unbedingt Vorversuche anzustellen (Most- oder Weinlabor).

Bentonitvorbereitung – „Vorquellen"

Die abgewogene Menge wird langsam in die vier- bis fünffache Wassermenge unter ständigem Rühren eingestreut. Nach

HINWEIS! Für die Praxis gilt daher:

Frühzeitige Trennung des Eiweißes aus dem Getränk, am besten während des Entschleimens, denn dadurch erreicht man:

- Frühzeitige Eiweißstabilität
- Geringeren SO_2-Bedarf durch die Entfernung von Schwefelbindern (Polyphenoloxidasen)
- Reintönigere Säfte – vor allem bei hohem Anteil an faulem Obst
- Raschere Eiweißbindung, da die Fruchtsäuren noch stärker vorhanden sind und die Reaktion rascher abläuft

einigen Stunden hat sich der Bentonit am Boden abgesetzt, und die überstehende Menge an Wasser kann abgezogen und weggeschüttet werden. Die nun klumpenfreie Bentonitmenge wird mit etwas Obstmost angerührt und unter ständigem Rühren dem Fassinhalt beigegeben.

Um eine optimale Bindung zu erreichen, soll das Rührwerk schon vor Zugabe des Bentonites laufen und dann in Intervallen von einigen Stunden noch zwei- bis dreimal alles durchmischen. Nur eine gute Durchmischung führt zu einer optimalen Bindung. Nach dem Absetzen des Schönungstrubes kann abfiltriert werden.

Bentonitschönung und pH-Wert

Je niedriger der pH-Wert (3,8 abwärts), desto reaktionsfreudiger läuft die Schönung ab. Dies bedeutet, dass bei Obstweinen mit niedrigem pH-Wert geringere Bentonitmengen erforderlich sind, da die Adsorption größer ist. Für niedrige pH-Bereiche bis 3,5 werden Ca-Bentonite, für höhere pH-Werte über 3,5 werden Na-Ca-Mischbentonite eingesetzt.

Kohleschönung

Eine Kohleschönung wird nur zur Fehlerbeseitigung angewendet. Farb-, Geruchs- und Geschmacksfehler dürften bei gesundem Ausgangsmaterial und idealer Kellerwirtschaft nicht entstehen. Es ist um vieles einfacher, Fehler zu vermeiden, als entstandene Schäden hinterher mit erhöhtem Aufwand zu beseitigen.

Kohle als Schönungsmittel

INFO!

Zu hohe Kohlemengen greifen Geruch, Geschmack und Farbe an!

Kohle ist als feinvermahlenes Pulver oder in granulierter Form im Handel erhältlich. Durch den enormen Feinheitsgrad der Kohle können sich an deren Oberfläche negative Geruchs- und Farbstoffe anhaften.

Eine Kohleschönung soll gut überlegt sein, denn Kohle greift den Obstwein bei zu hoher Dosierung radikal an. Meist genügt schon eine Gelatine-Kieselsol-Schönung, die neben den Trubbestandteilen auch Farb-, Geruchs- und Geschmacksstoffe mindert. Kohleschönungen sind ohne Vorversuche nicht zu empfehlen.

Die abgewogene Kohle wird zuerst angeteigt, da ansonsten die Bindung mit dem Fassinhalt wegen der enormen Feinheit der Kohle nicht zustande kommt (Luft muss ausgetrieben werden). Anschließend wird die Kohle unter ständigem Rühren beigeschüttet (mind. 15 Minuten rühren), absitzen gelassen und innerhalb von zwei Tagen abfiltriert.

Um die Bindungskraft der Kohle nicht unnötigerweise zu belasten, darf diese nur bei klaren Obstweinen eingesetzt werden. Die Klärwirkung wäre ohnehin nicht sehr groß. In besonders schweren Fällen, wo der Most nach der Kohlebehandlung zwar fehlerfrei, aber leer und ausgezogen schmeckt, empfiehlt sich zuweilen eine radikale Anwendung der Kohle und die nachfolgende Umgärung.

Zusammenfassung: Schönung

- Der Obstwein darf nicht mehr gären!
- Kellertemperatur mind. 10 °C
- pH-Wert des Mostes: Je niedriger, desto besser! Birnenmoste besitzen meist einen höheren pH-Wert (2,8–4,0).
- CO_2-Gehalt: Je höher der Gehalt, desto schwieriger wird eine Schönung!
- Wenn notwendig, den Säuregehalt vor der Schönung korrigieren!
- Niemals am Hefedepot schönen – vorher vom Geläger abziehen!
- Gewissenhafte Vorbereitung der Schönungsmittel – „Technisches Merkblatt".
- Verteilung im Fass: Sorgfältiges Einrühren mit einem Rührwerk ohne Lufteintragung.
- Mindestens 20 Minuten zwischen den Schönungsmittelzugaben wa- rten, damit sich die einzelnen Stoffe abbinden können.
- Nach spätestens einer Woche vom Schönungstrub abziehen.

Abbildung 20: Wirkungsweise einer Filterschicht (Skizze Fa. Begerow)

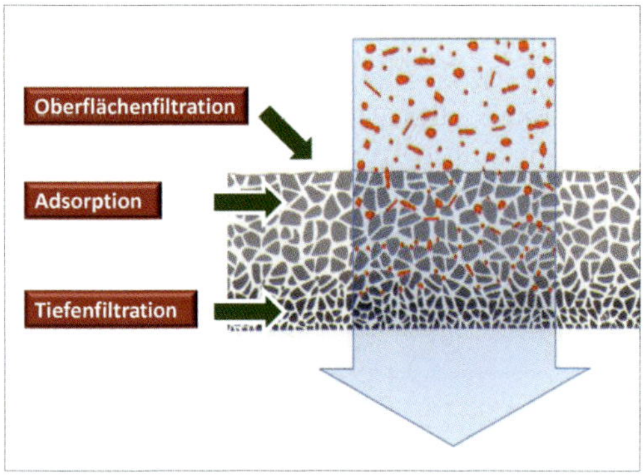

Schichtenfiltration

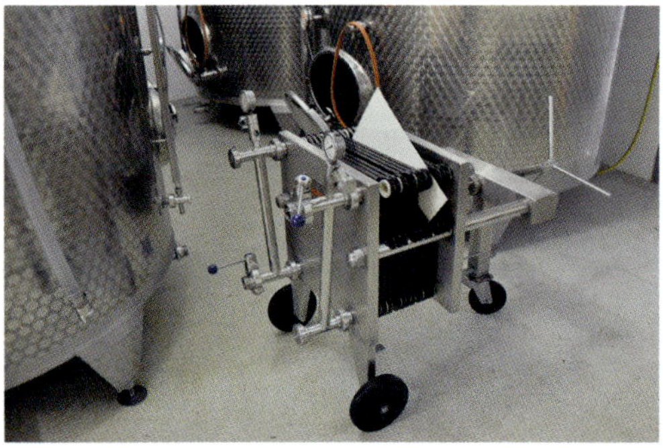

Schichtenfilter mit Rädern (40 x 40 cm)

Schichtenfilter für Kleinmengen (20 x 20 cm)

FILTRATION

Die Filtration von Obstwein mit Schichtenfilter

Besonders bewährt hat sich in der Obstweinproduktion die Schichtenfiltration. Das zu filtrierende Gut wird durch Zelluloseschichten gedrückt, wobei in und an den Schichten Trubbestandteile haften bleiben. Der Most verlässt den Filter trubfrei.

Filterprinzip

Alle Filterschichten sind parallel geschaltet, die Flüssigkeit fließt nur durch eine Schicht. Es können auch weniger Filterschichten eingesetzt werden – dann ist eben die Filtermengenleistung geringer.

Filtergrößen

Bei den Schichtenfiltern sind drei Größen anzutreffen: 20er-, 30er- und 40er-Filter. Diese Zahl gibt die Filterschichtengröße in Zentimeter an. Ein 30er-Filter hat Filterschichten mit der Größe von 30 x 30 cm. Für kleinere Betriebe, die nur geringe Mengen zu verarbeiten haben, sind Geräte mit 20 x 20 cm im Handel. Die Leistung ist relativ gering. Aus den Weinbaugebieten stammen oft Gebrauchtgeräte mit 40 x 40 cm Filterplattengröße. Diese haben eine größere Leistung. Hauptsächlich sind 30 x 30 cm anzutreffen. Hier gibt es auch wenig Schwierigkeiten bei der Beschaffung von passenden Filterschichten verschiedener Klärschärfe.

Filtrationsschärfe

Wie stark filtriert wird, hängt von der Filterschichtenwahl ab. Beim Abzug vom Geläger werden **Grobschichten** verwendet, die keine große Dichte aufweisen. Einzig und allein größere Trubbestandteile werden im Filter zurückgehalten – feine Kolloide gehen durch, und der Most erscheint nach der Filtration noch immer leicht trüb.

Bei **Feinfilterschichten** verlässt das Produkt den Filter klar. Sie bilden die Voraussetzung zur Entkeimungsfiltration.

Abbildung 21: Verschiedene Filterschichten

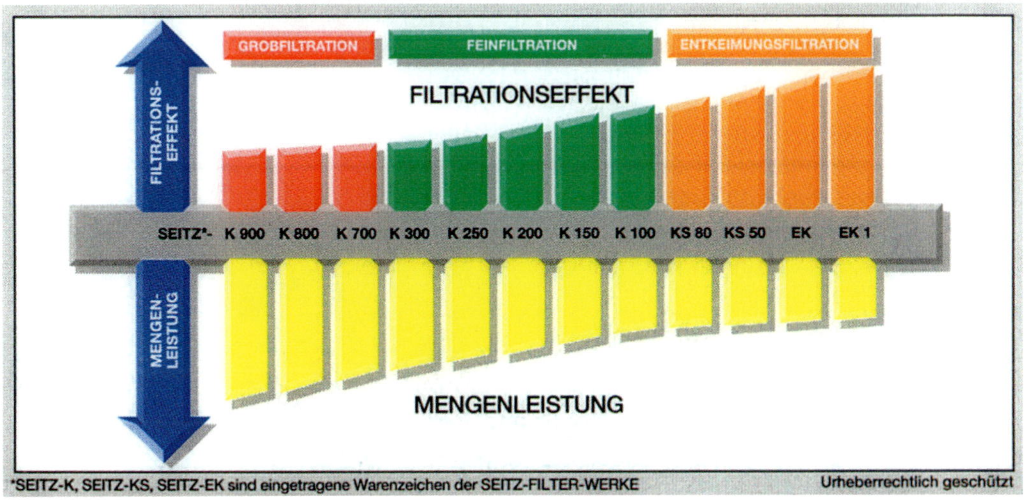

Diese **Entkeimungsschichten** haben eine niedrigere Filtrationsleistung als die Klärschichten und sollen nur nach Vorfiltration über Klärschichten eingesetzt werden, denn die feinen Poren sollen ausschließlich Mikroorganismen und keine Trubstoffe herausfiltrieren. Hier darf der Filtrationsdruck auch nicht über 1,5 bar steigen, da ansonsten diese Mikroorganismen durch die Schichten gedrückt werden können.

Eine Entkeimungsfiltration wird im Zuge der Flaschenfüllung durchgeführt. Je geringer die Mikroorganismenbelastung ist, desto haltbarer ist der Obstwein in der Flasche.

Die einzelnen Herstellerfirmen von Filterschichten haben für diesen Zweck eigene Übersichtstabellen, auf denen die Bezeichnung, die Filtrationsschärfe und die Mengenleistung ersichtlich sind. Leider sind diese Bezeichnungen von Herstellerfirma zu Herstellerfirma unterschiedlich.

Wässern

Da die Filterschichten aus Zellulose bestehen, ist es vor der eigentlichen Filtration notwendig, diese zu wässern. Dabei wird zuerst der Filter mit den Schichten ausgestattet und anschließend Wasser durchgepumpt, bis dieses geschmacksneutral austritt.

Erst dann kann mit der Filtration begonnen werden. Geschieht dies nicht oder nur mangelhaft, reichert sich der Obstwein mit einem papierigen Geschmack an.

HINWEIS!

Filterschichten vor Filtration wässern. Lagern Sie geöffnete Filterschichtenpackungen geruchsneutral und trocken.

Reinigung der Filteranlage

Eine besondere Beachtung muss der Reinlichkeit geschenkt werden. Nach jeder Filtration müssen die Schläuche durchgewaschen, die Filterplatten gereinigt und abgespült werden. Vor einer Entkeimungsfiltration muss der Filter zuerst gründlichst gereinigt (hier vor allem auf die Filterplattenkammern und Dichtungen achten), zusammengestellt und letztendlich desinfiziert werden.

Schläuche müssen immer austropfen können. Am geeignetsten ist ein schräges Brett. Auf keinen Fall dürfen die gereinigten Schläuche am Boden zusammengerollt liegen bleiben. In aller Ruhe können sich hier Mikroorganismen entwickeln, da die Feuchtigkeit nicht entweichen kann.

Kiselgurfilter

Reinigungsprinzip

1. Nach dem Gebrauch des Filters

- Mit Wasser spülen
- Grundreinigung mit speziellen Kellereireinigungsmitteln (z. B. auf Chlorbasis „Bipur“)
- Mit Wasser nachspülen und abtrocknen lassen

2. Vor Gebrauch

- Desinfektion mit speziellen Kellereidesinfektionsmitteln (z. B. auf Basis aktiven Sauerstoffes mit „Bisteril“)
- Mit Wasser abspülen
- Filter zusammenstellen und Schichten wässern

3. Vor einer Entkeimungsfiltration

- Nach erfolgter Grundreinigung wird die gesamte Filteranlage zusammengebaut, mit einem dafür geeigneten Desinfektionsmittel (z. B. „Bisteril“) blasenfrei befüllt und muss zwölf Stunden einwirken (siehe „Flaschenfüllung“, Seite 91).

Kieselgurfiltration

Große Leistung bei gleichzeitig geringen Filtrationskosten machen diese Geräte für Großbetriebe interessant. Als Filtrationselement dient Kieselgur. Er stammt von winzigen, einzelligen Meereslebewesen, den Kieselalgen. Kieselgur bindet durch das große Porenvolumen und durch elektrostatische Kräfte auch Trubbestandteile von weniger als 0,001 mm Größe. Er ist unlöslich und beeinträchtigt den Obstmost nicht. Neben dem Kieselgur wird auch Perlit oder Zellulose als Filterhilfsmittel verwendet.

Moderne Kieselguranschwemmfilter sind stehende Kieselfilter, in denen Platten als Filterelemente angeordnet sind. Vor der Filtration wird eine geringe Menge Gur auf die Filterelemente angeschwemmt, und während der

Kerzenfilter

Abbildung 22: Aufbau einer Filterkerze (Skizze Fa. Begerow)

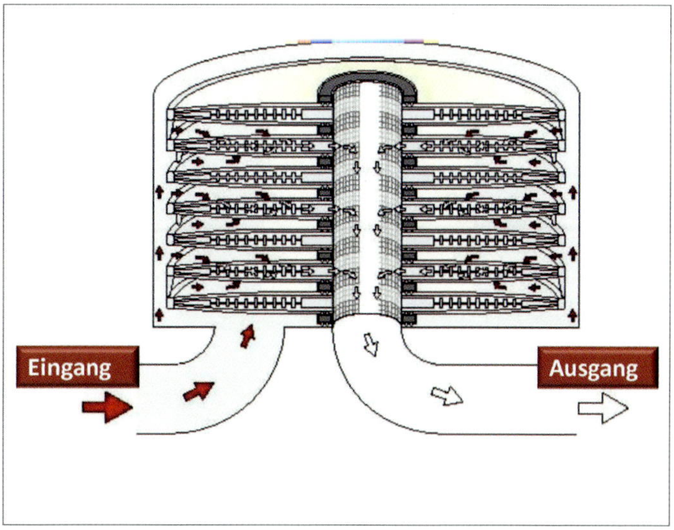

Filtration wird ständig Kieselgur dazudosiert. Der Obstmost muss durch diesen aufgebauten Filterkuchen fließen und wird dabei von seinen Trubbestandteilen gereinigt.Besonders wirtschaftlich und gerne eingesetzt wird die Kieselgurfiltration von Obstmost während des Abzugs vom Hefedepot.

Kerzenfiltration

Das Einsatzgebiet der Filterkerzen liegt in der Endfiltration direkt vor der Flaschenfüllung. Sie sind in der Bauart sehr kompakt und klein. Über Rückspülung können die Filterpatronen regeneriert werden und sind somit über längere Zeit einsatzbereit.

INFO!

Der Kerzenfilter ist die letzte Filtration unmittelbar vor der Flaschenfüllung.

HARMONISIERUNGSMASSNAHMEN

Um die endgültige Güte, Geschmacksharmonie und den Charakter des Obstweines zu erreichen, stehen dem Produzenten noch einige Möglichkeiten in der Behandlung offen. Nach der Stabilisierung und des Ausbaues bildet es den Schlusspunkt vor der Flaschenfüllung.

Je nach Bedarf gibt es folgende Möglichkeiten:

- Säureaufbesserung
- Verschnitt
- Restzuckereinstellung
- L-Ascorbinsäurebeigabe
- Kohlensäureanreicherung

Säureaufbesserung

Um eine Säureharmonie zu erzielen, ist eine ständige Beobachtung und Verkostung der lagernden Obstweine notwendig. Moste mit gleicher titrierbarer Säure können unterschiedlich sauer schmecken. Durch Verschnitt bzw. durch Säureaufbesserung mittels Zitronen- oder Apfelsäure besteht die Möglichkeit, den Säuregehalt zu regulieren. Eine Steigerung des Säuregehaltes nach der Gärung mit den erwähnten Fruchtsäuren ist nur um 1 bis max. 1,5 g/l möglich, ohne dass der Most aufdringlich und spitz wirken würde.

Trotzdem kann es sein, dass es bei einem größeren Säuresprung einige Wochen dauert, bis sich die Säure in das Gesamtprodukt harmonisch eingebunden hat.

Die Zugabe hat in gelöster Form mit anschließender Durchmischung zu erfolgen. Apfelmoste oder Moste aus unreifem Obst weisen oftmals einen zu hohen Säuregehalt auf. Dieser kann am einfachsten mit einem säureärmeren Most reduziert und somit harmonisiert werden.

INFO!

Säurewerterhöhungen über 1,5 g/l sollen mit Vorversuchen ausgetestet werden.

Abbildung 23: Arbeitsabläufe Verschnitt

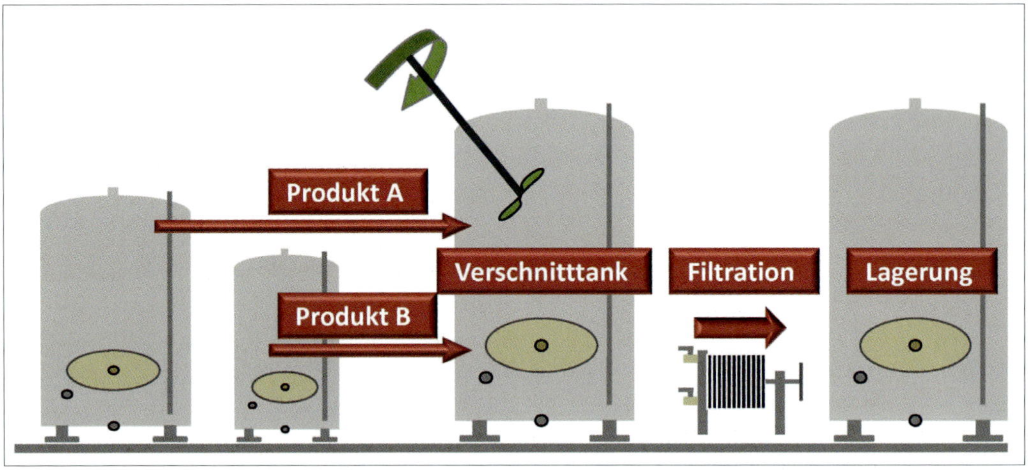

INFO!

Für die Steigerung von 1 g/l sind 100 g Zitronensäure oder Apfelsäure pro 100 Liter Obstwein notwendig.

Verschnitt

Im Verschnitt liegt oftmals das Geheimnis guter Obstweine. Hier können Geschmacksrichtungen hervorgehoben oder gedämpft werden.

Gründe für einen Verschnitt können vielfältig sein:

- Um eine gleichbleibende Qualität zu erreichen, d. h., um Fassunterschiede auszugleichen
- Um Mängel zu beseitigen: zu hohe oder zu niedrige Säure, Überdeckung einer Geschmacksrichtung verursacht durch eine bestimmte dominante Obstsorte
- Um Fehler zu beseitigen: bei Überschwefelungen oder Übersäuerungen kann durch den Verschnitt eine Verringerung dieser Werte erzielt werden

Das Zusammenmischen zweier Obstweine kann zu unvorhersehbaren Trübungen führen. Daher zuerst mischen und erst dann filtrieren – erfolgt dies umgekehrt, kann es zu bösen Überraschungen kommen.

HINWEIS!

Bakterienerkrankte Obstweine dürfen nicht verschnitten werden.

Restzuckereinstellung

Obstweine mit einem leichten Restzuckergehalt kommen beim Konsumenten sehr gut an. 6–10 g Restzucker pro Liter Most runden den Säurekörper ab und gestalten das Produkt süffiger. Die Schwierigkeit liegt weniger im Erreichen als im Erhalten des Restzuckers. Daher ist diese Methode nur in zwei Fällen möglich:

1. Buschenschank / Straußwirtschaft
Hier wird eine bestimmte Menge an Restzuckermost für kurze Zeit hergerichtet, kühl gelagert und sofort wieder verbraucht.

Nachgärungen können durch die kurze Lagerung nicht entstehen.

INFO!

Ein Restzuckerwert von 6–10 g/l erhöht die Vollmundigkeit und verleiht Körper.

2. Kaltsterile Flaschenfüllbetriebe (siehe „Flaschenfüllung", Seite 91),
Wir sprechen von einem durchgegorenen Obstwein, wenn weniger als 2 g Restzucker/Liter vorhanden sind. Mehr Restzucker kann zu einem späteren Zeitpunkt, vor allem bei warmer Lagerung, zu Nachgärungen führen. Der Most trübt sich wieder ein und verändert sich auch in seinem Geschmacksbild sehr stark. Ganz abgesehen von der Gefahr eines Flaschenbruchs durch CO_2-Druck und den damit verbundenen Schadenskosten und Haftungsfragen.

INFO!

Grundsätzlich ist daher ein durchgegorener Most anzustreben, der ohne Risiko lange gelagert werden kann!

Restzuckermost durch Gärunterbrechung – Gärstopp

Kälte und eine Schwefelung unterbinden die Gärtätigkeit. Dies macht man sich in diesem Falle zu nutzen. Ständiges Kosten und Beobachten in der Schlussphase der Gärung soll den optimalen Zeitpunkt ermitteln. Wenn es keine Möglichkeit einer Tankkühlung gibt, kann man den Obstwein in einen Außentank pumpen und so die kühlen Temperaturen im Winter ausnützen.

Sofortige Schwefelung (15 g KPS/100 Liter) und Klärung (Kieselgur) mit einer folgenden Entkeimungsfiltration stoppen vorerst die Gärung. Eine rasche kaltsterile Flaschenfüllung bringt letztendlich ein stabiles Endprodukt.

Abbildung 24: Ermittlung der optimalen Restzuckermenge

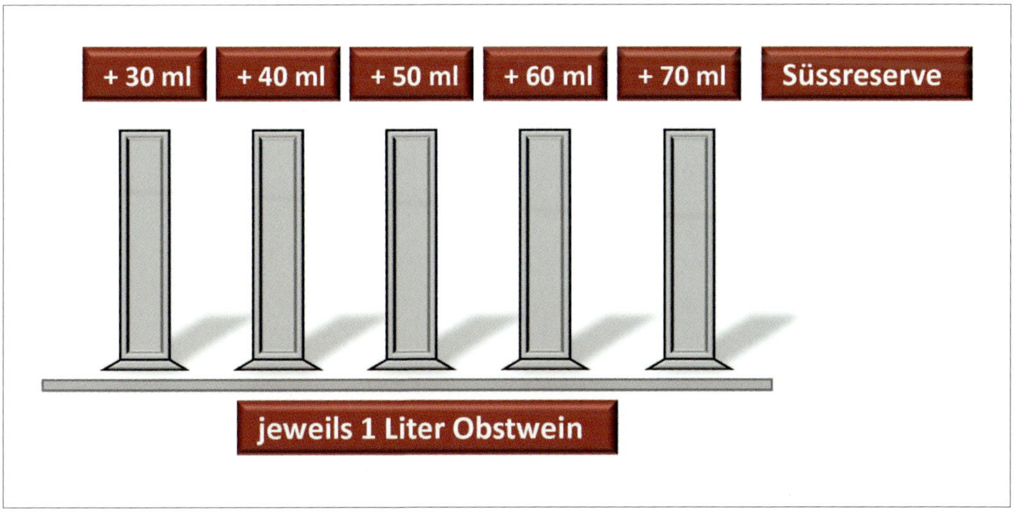

Restzuckermost durch nachträgliche Süßreservegabe

Der einfachere Weg ist der über einen vollkommen trocken ausgebauten Obstwein. Später wird bei Bedarf Apfelsaft (Süßreserve) zugesetzt. Das Zusetzen von Konzentrat ist laut österreichischem Weingesetz ebenfalls erlaubt. **Rohr- oder Rübenzucker darf nach der Gärung nicht mehr zugesetzt werden.** Kurz vor der Flaschenfüllung oder dem Verbrauch (Buschenschank) wird mit Vorversuchen die optimale Restzuckermenge ermittelt.

Ergibt nach gründlicher Durchmischung der Proben, die Probe mit 40 ml Süßmostbeigabe das angenehmste Ergebnis, so werden zu 100 Litern Gärmost vier Liter Süßmost hinzugemischt.

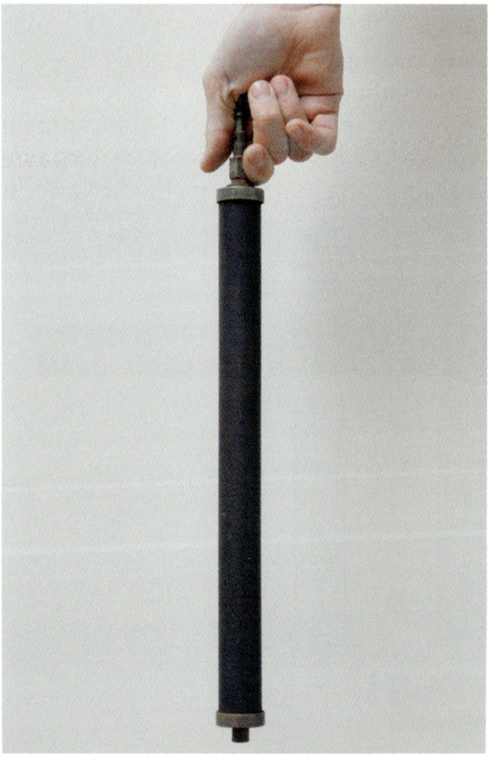

Imprägnierkerzen zur Kohlensäureanreicherung

HINWEIS!

Nur die Mengen mit Restsüße versetzen, welche auch in kurzer Zeit verbraucht werden können.

Restzuckermost durch nachträgliche Zugabe von „Fruchtsüße“

Fruchtsüßen werden in einem speziellen Filtrationsvorgang aus konzentrierten Fruchtsäften gewonnen. Dabei werden, den jeweiligen Erfordernissen entsprechend, Fruchtsäure, Farbe sowie Mineralstoffe entzogen. Das daraus resultierende Produkt ist die konzentrierte, natürliche Süße der Frucht.

INFO!

Um eine Steigerung des Restzuckergehaltes von 1 g pro Liter Obstwein zu erreichen sind 1,3 kg Fruchtsüße auf 1.000 Liter notwendig.

Der daraus erzielte Restzuckergehalt wird harmonischer eingebunden als der aus Rübenzucker, da die Fruchtsüße aus ca. 60 % Fructose, 25 % Glucose und nur aus 10 % Saccharose besteht.

INFO!

Achtung: Der Gärmost darf laut österreichischem Weingesetz nicht mehr als 8 % vol. Alkohol inkl. dem auf Alkohol umgerechneten Restzucker enthalten!

Kohlensäureaufbesserung

Wir streben mit unserem Obstwein ein erfrischendes spritziges Produkt an. Viele Betriebe behandeln den Obstmost sehr schonend und erhalten so die Gärungskohlensäure oder erhöhen den Gehalt an CO_2 unmittelbar vor der Abfüllung.

Sollte der Obstwein in Holzfässern gelagert worden sein, so wird der CO_2-Gehalt bei längerer Lagerung veratmet und der Most wird müde, flach, ruhig und matt.

Den optimalen Gehalt an CO_2 findet man am besten sensorisch heraus. Meist wird bei Obstweinen ein Gehalt von 0,8 bis 2 g CO_2 pro Liter als optimal angesehen.

INFO! Lagerung und Abfüllung:

Je **kälter**, desto besser bleibt CO_2 gebunden! Je **wärmer**, desto schneller entbindet sich CO_2!

CO_2-Anreicherung

Imprägnierkerzen

Mit Imprägnierkerzen kann der Most mit Kohlensäure angereichert werden. Dies soll erst kurz vor dem Verbrauch oder der Flaschenfüllung geschehen. Je kälter es zu diesem Zeitpunkt ist, desto mehr CO_2 kann gebunden und aufgenommen werden. Die Kohlensäurebläschen, welche aus der Imprägnierkerze austreten, sollen so klein wie möglich sein.

Durchflussverfahren

CO_2-Anreicherung im Durchflussverfahren: Es sind dies spezielle Imprägniergeräte, die

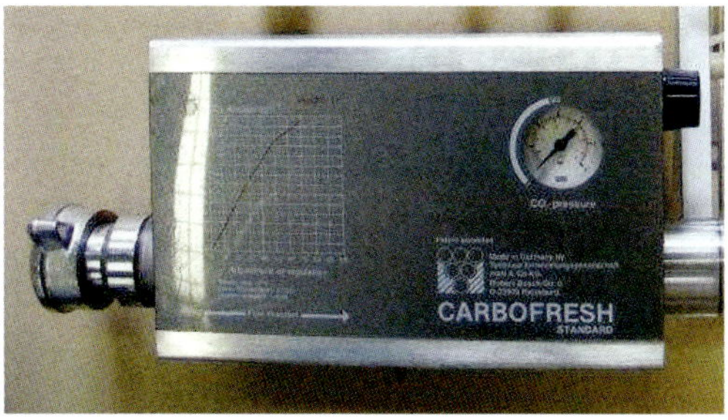

Carbofresh

vor dem Füller geschaltet werden und dem Obstwein unter Druck CO_2 zugeben.

L-Ascorbinsäure (Vitamin C)

Eine L-Ascorbinsäurezugabe gibt man nicht in der Absicht, den Säuregehalt zu steigern, sondern vielmehr, um Oxidationen zu vermeiden (Bräunungen). Der Most bleibt jugendlich frisch.

Anwendungszeitpunkt: kurz vor der Flaschenfüllung.

Anwendungsmenge: Laut österreichischem Weingesetz dürfen 160 mg Ascorbinsäure pro Liter enthalten sein, im Normalfall gibt man 10 g/ 100 Liter.

WICHTIG!

Ascorbinsäure verhindert Bräunungen. Die L-Ascorbinsäure hat nur dann Wirkung, wenn ein SO_2-frei-Spiegel von mind. 30 mg/l vorhanden ist.

ENZYME

Was sind Enzyme?

Enzyme haben sowohl zur Steuerung von Lebensvorgängen, wie etwa bei der Verdauung, als auch im kommerziellen Bereich Bedeutung. Die Anwendungsbereiche sind vielfältig.

INFO!

Enzyme werden in flüssiger oder in pulvriger Form angeboten.

Die gesamte Gärung läuft in vielen Stufen über die Enzyme der Hefe ab. Kasein wird in der Milch durch Enzyme zur Käsebereitung aufgeschlossen. Reinigungsenzyme in Vollwaschmitteln lösen Fett- und Ölflecken.

Es gibt Tausende von Enzymen, die jeweils einen bestimmten Stoff aufspalten können. Das Enzym Amylase spaltet Stärke, Lipase das Fett oder Protease das Eiweiß etc.

Welche Bedeutung haben Enzyme in der Obstverarbeitung?

Die größte Bedeutung in der Obstverarbeitung kommt den Enzymen, welche Pektin abbauen, zu. Diese Enzyme werden **Pektinasen** genannt.

Pektinspaltende Enzyme sind Eiweißstoffe, die im Obst enthalten sind. Sie sind jedoch in so geringer Menge vorhanden, dass es relativ lange dauern würde, bis diese aktiv werden und ihre gewünschte Wirkung zeigen.

Pektinasen

- lösen in der Maische Zellverbindungen auf, so dass es zu einer Presszeitverkürzung mit gleichzeitig erhöhter Saftausbeute kommt.
- Enzymierte Presssäfte setzen rascher die Trubbestandteile ab.
- Wird vergorener Obstmost enzymiert, kann durch den Abbau von langkettigen „Fäden“ (Polysacchariden) die Filterleistung erhöht oder eine Schönung erleichtert werden.

INFO!

Pektine sind Polysaccharide (Mehrfachzucker), die durch pektinspaltende Enzyme (Pektinasen) aufgeschlossen werden können.

Abbildung 25: Wirkung von Pektinstoffen

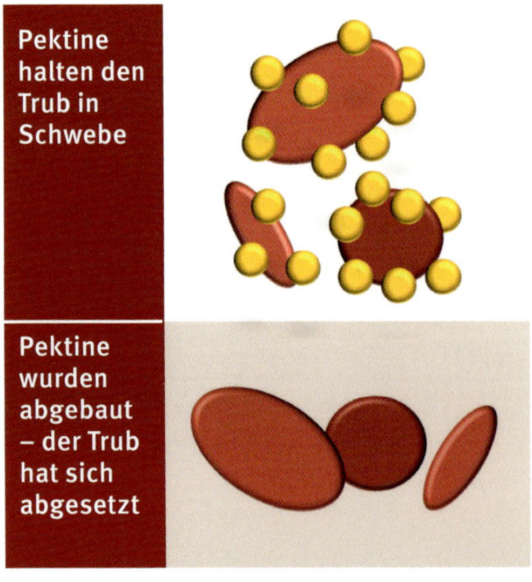

Abbildung 26: Pektintest

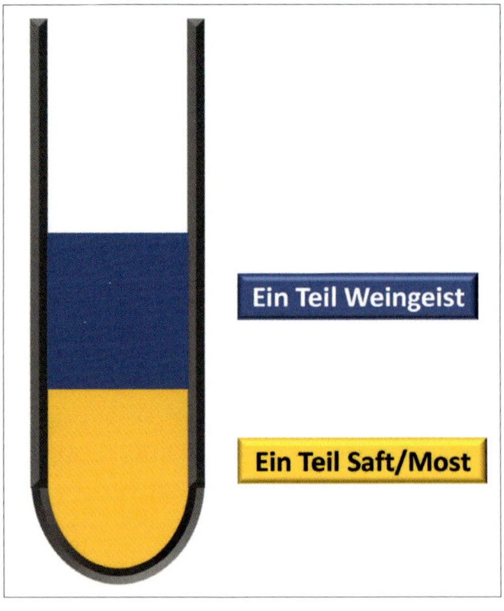

Foto: shutterstock.com/Milkovasa

Was sind Pektinstoffe?

Pektine spielen in der Obstverarbeitung eine diffizile Rolle. Bei der Obstmostbereitung will man sie abbauen, da sie z. B. Klärungsschwierigkeiten verursachen können. Bei der Marmeladenerzeugung will man sie erhalten, um eine gelierende Wirkung zu erzielen. Bei trüben Säften (naturtrüb) darf man sie nicht zerstören, damit der Trub in Schwebe bleibt (Abb. 25).

Pektine sind Riesenmoleküle, die chemisch gesehen zu den Polysacchariden gehören. Diese können sich an Trubbestandteile anhaften und so den Trub in Schwebe halten (bei naturtrüben Säften ist das erwünscht). Durch den Einsatz von Enzymen können Pektine vom Trub abgespalten werden. Der Trub bleibt nicht mehr in Schwebe und setzt sich zu Boden (bei der blanken Süßmostbereitung oder beim Entschleimen erwünscht).

Der Pektinnachweis

Wird Presssaft oder der vergorene Most enzymiert, so sollte nach beendeter Reaktion ein Pektintest durchgeführt werden. Er gibt Aufschluss darüber, ob die verwendete Menge an Enzym ausgereicht hat, um das gesamte vorhandene Pektin abzubauen. Auch bei Filtrations- und Schönungsproblemen kann der Pektintest für die Ursachenforschung dienen.

Pektintest

In eine Eprovette wird zuerst ein Teil Saft und dann ein Teil Weingeist gegeben, dann einmal umgedreht und eine Stunde stehen gelassen. Bildet sich nach einer Stunde ein Pfropfen, dann ist noch Pektin vorhanden.

Enzympräparate zur Maische zwecks höherer Presssaftausbeute

Die Fruchtfleischzellen werden von Pektinstoffen, einer „Kittsubstanz“, zusammengehalten, und auch die Zellwand wird daraus mit aufgebaut. Mechanisch lassen sich diese Pektine nicht zerreißen oder auflösen. Hier ist ein chemischer Vorgang notwendig, der durch das in allen Fruchtarten vorhandene pektinspaltende Enzym Pektinase in Gang gesetzt wird. Dieses Enzym beginnt sofort nach der Obstzerkleinerung zu arbeiten.

Deutlich sichtbar wird dies, wenn man Maische einige Stunden stehen lässt. Am Maischebottichboden sammelt sich Saft, welcher aus den von den Pektinasen zerlegten Zellen stammt. Dieser Vorgang wird beschleunigt, je höher die Temperatur der Maische ist und wenn diese mit einem Rührwerk bewegt wird.

Dieser Zersetzungsprozess geht jedoch nur langsam vonstatten. Die eigene Aktivität reicht nicht aus, auch dann nicht, wenn die idealen Bedingungen, wie Temperatur und Maischedurchmischung, gegeben wären. Die Maische müsste viel zu lange stehen bleiben. Aus diesem Grunde besteht die Möglichkeit, pektinspaltende Enzyme zuzusetzen, wodurch die Standzeit verringert werden kann.

INFO!

Höhere Saftausbeute, kürzere Presszeiten, geringere Schaumbildung bei der Gärung sowie höhere Farbintensität des vergorenen Mostes sind die Ziele, die durch eine Enzymierung der Maische verfolgt werden.

Voraussetzungen

Temperatur: Je höher die Temperatur, desto wirksamer und rascher die Wirkung.
Mindesttemperatur: 10 °C
Höchste Wirksamkeit: 40 °C
Einwirkzeit: Je länger die Einwirkzeit, desto

stärker die Wirkung! Bei 15 °C muss die Einwirkzeit bei Maischeenzymierung mindestens eine Stunde betragen, um deutliche Vorteile zu erlangen.

Verteilung: Da zwischen den einzelnen Produkten (Enzympräparaten) Konzentrations- und damit Wirkungsunterschiede bestehen, ist eine genaue Angabe der Menge, welche zuzusetzen ist, hier nicht möglich. Es empfiehlt sich daher, sich beim Kauf eine genaue Gebrauchsanweisung mitgeben zu lassen.

Enzympräparate zur Presssaftbehandlung zwecks Entschleimung

Pektine, die den Trub in Schwebe halten, werden abgesprengt, wodurch sich der Trub leichter setzen kann. Die Vorteile des Entschleimens sind in einem eigenen Kapitel behandelt (ab Seite 39). Wie bei der Maischeenzymierung ist auch hier auf eine gute Verteilung zu achten. Am geeignetsten sind Propellermischgeräte (Bohrmaschinenvorsatz).

Wurde die Maische bereits enzymiert, so ist der Wirkstoff im Presssaft ohnehin gut verteilt. Durch das rasche Absetzen des Trubes kann die Entschleimzeit beträchtlich reduziert werden, wodurch sich die Infektionsgefahr wesentlich verringert.

INFO!

Hauptziel der Enzymierung ist eine verbesserte Entschleimung durch optimalen Pektinabbau. Die Einwirkzeit muss mindestens eine Stunde betragen, bevor Bentonit eingerührt wird, denn dieses Schönungsmittel bindet Enzyme.

Nach dem Absetzen des größten Anteiles des Trubes wird in das Gärfass umgezogen, geschwefelt, der Presssaft mit Reinzuchthefe versetzt und unter idealen Gärtemperaturen vergoren.

Enzympräparate zur Presssaftbehandlung für die blanke Süßmostbereitung

Eine schnelle Klärung des Presssaftes für die blanke Süßmostbereitung ist ohne den Einsatz von pektolytischen Enzymen nicht möglich. Nach einer mindestens zweistündigen Einwirkzeit mit guter Verteilung, entsprechender Temperatur und Enzymmenge kann die Kieselsol-Gelatine-Schönung eingebracht werden. Nach der folgenden Bentonitschönung wird der Saft innerhalb weniger Stunden klar, so dass danach eine Feinfiltration und letztendlich die Erhitzung auf mindestens 75 °C erfolgen kann.

INFO!

Ohne Enzymierung ist keine blanke Süßmostbereitung möglich. Pektine bereiten Probleme bei der Klärung.

Um zu kontrollieren, ob der Pektinabbau nach dem Enzymzusatz beendet ist, sollte ein Pektintest durchgeführt werden. Erst dann, wenn der Test negativ ausgefallen ist, kann mit der Kieselsol-Gelatine-Schönung weitergearbeitet werden.

Enzympräparate während der abklingenden Gärung

Während der Gärung findet ein vollkommener Umwandlungsprozess des Getränkes statt. Unter anderem werden die langkettigen Polysaccharide abgebaut. Durch unterschiedliche Umstände kann dieser Abbau nicht vollkommen erfolgen, so dass nach der Gärung noch Pektinstoffe im vergorenen Getränk zu finden sind. Diese Pektine bereiten in Folge meist bei der Klärung Schwierigkeiten. Um diese Probleme vermeiden zu können, werden während der abklingenden Gärung Pektinasen hinzugegeben.

Ein Vorteil bei diesem Anwendungszeitpunkt ist die noch durch die Gärung erhöhte Temperatur, die selbständige Durchmischung sowie genügend Zeit zum Einwirken. Nach beendeter Gärung sollten ein Pektintest und ein Clinitest erfolgen. Anschließend der Abzug vom Geläger.

Beigabe von pektolytischen Enzymen zu vergorenen Obstmosten

Obstmost nach der Gärung besitzt in der Regel keine oder nur geringe Mengen an Pektinstoffen, da diese während der Gärung abgebaut werden. Die Praxis zeigt jedoch, dass es trotzdem immer wieder hartnäckige Trübungen geben kann, die mit Enzymen behandelt werden müssen. Pektin kann aber auch bei einer Schönung Schwierigkeiten bereiten.

HINWEIS! Für die Praxis gilt daher!

Nach beendeter Gärung einen Pektintest ansetzen – ist dieser positiv, den Obstwein mit geringer Enzymmenge behandeln und wiederum einen Pektintest machen.

Tabelle 9: Wirkung und Anwendungszeitpunkte von pektolytischen Enzymen

Anwendungszeitpunkt	Standzeit	Ziel der Anwendung	Wirkungsweise
Zur Maische	mind. 1–2 Stunden	Erhöhung der Pressmenge, Presszeitverkürzung, besssere Pressbarkeit (besonders bei überlagertem Obst)	Zellwände werden durch die Aufspaltung des Pektins aufgelöst
Zum Presssaft, wenn daraus blanker Süßmost bereitet wird	mind. 2 Stunden	Leichteres Absetzen der Trubbestandteile; eine anschl. Kieselsol-Gelatine-Schönung bindet Trub und klärt innerhalb kürzester Zeit	Aufspaltung der Polysaccharide – Trubpartikel können sich absetzen
Zum Presssaft, wenn daraus Gärmost bereitet wird	mind. 0,5 Stunden	Unterstützende Maßnahme, damit das Entschleimen rascher abläuft	Aufspaltung der Polysaccharide – Trubpartikel können sich absetzen
In der abklingenden Gärung		Um ein Abziehen vom Geläger mit gleichzeitiger Filtration zu erleichtern	Aufspaltung der Polysaccharide – Trubpartikel können sich absetzen
Zum vergorenen Obstsaft		Um hartnäckigen Pektintrübungen zu begegnen; Filtrationserleichterung, Schönungsunterstützung	Aufspaltung der Polysaccharide – Trubpartikel können sich absetzen

Darüber hinaus gibt es einen Punkt der beachtet werden muss:
Da Enzyme Eiweißstoffe sind, darf Bentonit nicht vor Abschluss der Enzymaktivität angewendet werden.

DER PH-WERT

Unsere Getränke befinden sich zum größten Teil im sauren Bereich. Obstweine liegen zwischen pH 3,0 und pH 4,0.

Der pH-Wert hat starken Einfluss auf:

- Wirksamkeit von SO_2
- Reaktionsfreudigkeit bei Schönungen
- Klärverhalten
- Eiweißstabilität
- Stabilität des Obstweines
- Biologischer Säureabbau

Wirksamkeit von Schwefeldioxid

Je höher der pH-Wert, desto geringer ist die Menge an aktivem SO_2, die im Most wirksam wird.

Dies bedeutet in der Praxis, dass der pH-Wert die Wirksamkeit von Schwefeldioxid sehr stark beeinflusst. Moste mit niedrigem pH-Wert bieten einen besseren mikrobiologischen Schutz als Moste mit höherem pH-Wert.

Reaktionsfreudigkeit bei Schönungen

Eiweißhaltige Trubstoffe weisen eine positive (+) Ladung auf. Bei pH-Werten von ca. 3 ist diese Ladung hoch und nimmt mit steigendem pH-Wert ab. Gerbstoffhaltige Trubstoffe weisen dagegen eine negative (–) Ladung auf, die ebenfalls mit steigenden pH-Werten immer schwächer wird.

Das Prinzip einer Schönung beruht darauf, dass ein Schönungsmittel mit bekannter Ladung dem Most beigemischt wird, somit alle Reaktionspartner bindet und durch die Schwerkraft zu Boden sinkt. Es ist also ein rein physikalischer Vorgang.

Insgesamt ist daraus zu schließen, dass bei niedrigen pH-Werten die Trubstoffe mit Schönungsmitteln besser reagieren.

INFO!

Grundsätzlich: Je niedriger der pH-Wert, desto besser die Haltbarkeit!

Abbildung 27: pH-Werte von Obstweinen

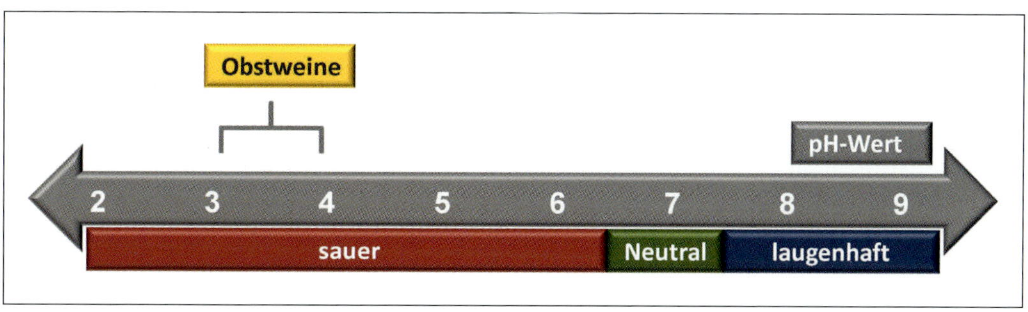

INFO!

Je niedriger der pH-Wert, desto besser läuft eine Schönung ab.

Klärverhalten

Die selbständige Klärung hängt neben dem Gerbstoffgehalt auch vom pH-Wert des Obstweines ab.

Eiweißstabilität

Eiweiß kann zu hartnäckigen Trübungen führen. Besonders problematisch ist die Eiweißtrübung bei bereits in Flaschen gefüllten Obstweinen. Je niedriger der pH-Wert ist, desto stabiler ist der Most anzusehen.

Stabilität des Mostes

Je niedriger der pH-Wert ist, desto weniger anfällig ist der Gärmost gegenüber einem Mikroorganismenbefall. Zähwerden etc. kommt bei Mosten mit niedrigem pH-Wert (3,1–3,4) nicht vor.

Biologischer Säureabbau

Verschiedene Mikroorganismen sind nur in bestimmten pH-Bereichen vermehrungsfähig. Dies bedeutet in der Praxis: Reine Birnenmoste sind meist säurearm und besitzen dadurch auch meist einen höheren pH-Wert (3,8–4,0). Ein hoher pH-Wert ist jedoch die Grundlage für die Vermehrungsfähigkeit unerwünschter Bakterien, den so genannten *Pediococcus cerevisiae* und anderen Stämmen. Diese wandeln Apfelsäure in Milchsäure um, wobei Nebenprodukte wie Histamin (Kopfschmerzen), aber auch Schleim („Zähwerden" des Mostes) entstehen. Der Säuregehalt vermindert sich – der Most schmeckt leer.

Moste mit niedrigen pH-Werten (unter 3,5) sind dieser Gefahr nicht ausgesetzt. In diesem Bereich vermehren sich zwar Bakterien, die Säure abbauen bzw. vermindern, sie werden aber nicht als schädlich oder krankhaft angesehen. Sie vermindern die spitze Säure, der Most wird dadurch runder, und in seinem Geschmacksbild erfährt er durch die Ausbaulagerung und dem positiven Säureabbau eine ausgeprägte Harmonie. Es ist dies der Bakterienstamm *Oenococcus oeni*. Dieser kann auch im Weinfachhandel als Trockenkultur bezogen und gezielt eingesetzt werden.

HINWEIS!

Ein krankhafter Säureabbau ist die häufigste Ursache für den Verderb von Obstweinen.

Wie kann ein krankhafter Säureabbau bei Obstwein gestoppt werden?

Vorbeugen ist besser als heilen, daher:

Vor der Gärung

- Säuregehalt sowie Zuckergehalt einstellen
- Schwefelung von 5 g Kaliumpyrosulfit (KPS) pro 100 Liter Presssaft
- Zugabe von 20 g Reinzuchthefe pro 100 Liter Presssaft

Nach der stürmischen Gärung

- Spundvolles Anfüllen der Fässer
- Temperaturkontrolle

Beim ersten Abziehen vom Hefedepot

- Schwefelung mit 10 g pro 100 Liter Obstwein
- Säure- und Alkoholkontrolle

Lagerung

- Lagertemperatur um die 10 °C
- Spundvollhalten der Fässer

Tabelle 10: Möglichkeiten, krankhaften Säureabbau zu stoppen

Starke Schwefelung	Säurekorrektur	Schönung	Vorfiltration	EK-Filtration
Verhindert die weitere Vermehrung von Mikroorganismen	Um das Geschmacksbild wieder herzustellen	Entfernung der Schleimfäden sowie der Trubes	Mechanische Trennung des Schönungstrubes	Entfernung aller Keime aus dem Most

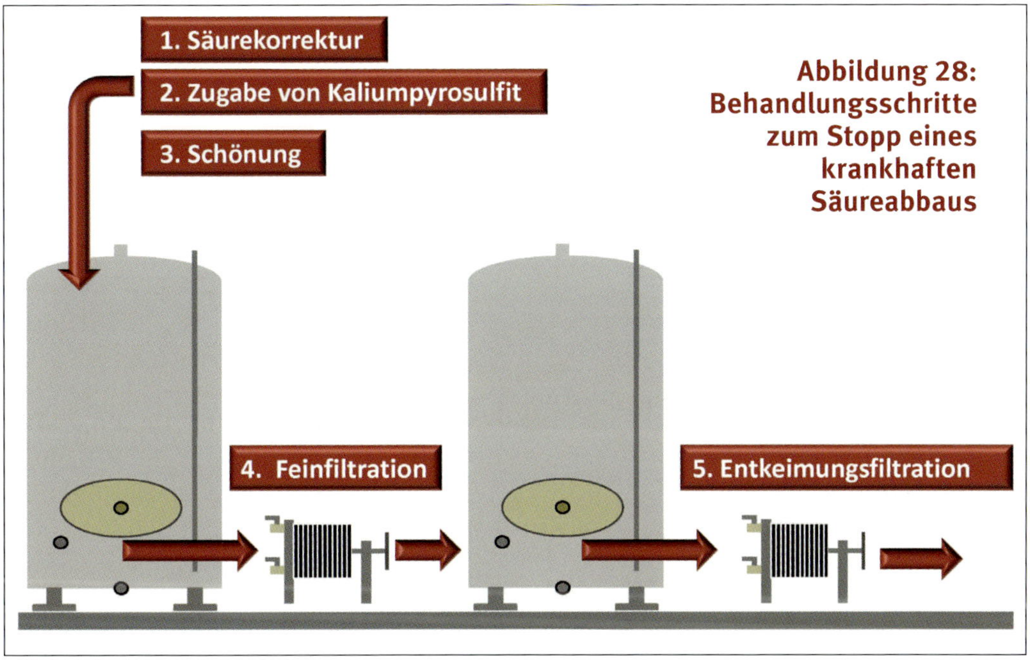

Abbildung 28: Behandlungsschritte zum Stopp eines krankhaften Säureabbaus

WICHTIG!

Oberstes Gebot = Reinlichkeit!

Da der biologische Säureabbau, wenn er einmal eingeleitet ist, nur mehr schwer zu stoppen ist, soll auf die bewusste Einleitung verzichtet werden!

Er wird gefördert durch: Geringen Säuregehalt, warmen Keller, spätes Umziehen, spätes und schwaches Schwefeln.

Er kann verhindert werden durch: Frühes Umziehen mit gleichzeitiger Schwefelung, Lagerung im kalten Keller.

Abbildung 29: Biologischer Säureabbau

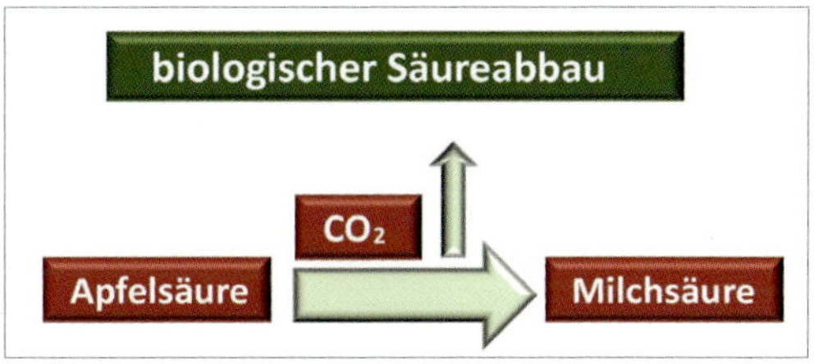

FLASCHEN

FLASCHENFÜLLUNG

Zeitpunkt der Flaschenfüllung

Voraussetzung für die Flaschenfüllung von Obstwein ist eine abgeschlossene Reifelagerung sowie eine notwendige Stabilität des Mostes.

INFO!

Unter Stabilität versteht man die mikrobiologische und chemische Haltbarkeit, wodurch Nachtrübungen, Verfärbungen wie auch Nachgärungen in der Flasche ausgeschlossen sind.

Um dies zu erreichen, ist es notwendig, die Ausbaumaßnahmen wie Klärung, Schönung und Lagerung gewissenhaft durchzuführen. Um die notwendige Stabilität kontrollieren zu können, wird der Most einer chemischen Analyse (Mostlabor) unterzogen. Hierbei wird der Wert von Alkohol, Säure und, was von besonderer Bedeutung ist, der Wert des Schwefelgehaltes (frei und gebunden) sowie des Restzuckergehaltes (Nachgärung) bestimmt.

Der „freie Schwefel“ soll zwischen 25 und 30 mg/l liegen (gesetzlicher Höchstwert 50 mg/l) und mindestens drei Wochen stabil bleiben. Nimmt dieser Gehalt innerhalb des Beobachtungszeitraumes ab, so lässt dies den Schluss zu, dass chemische oder mikrobiologische Vorgänge noch nicht ganz abgeschlossen sind (Säureabbau, Nachgärung etc.) und somit mit Veränderungen in der Flasche zu rechnen ist.

Eiweiß bei der Flaschenfüllung

Wärmeempfindliches Eiweiß kann in der Flasche durch Temperaturschwankungen ausfallen und eine hartnäckige Trübung verursachen. Um dies zu verhindern, ist es notwendig, dieses Eiweiß frühzeitig, am günstigsten schon vor der Gärung, mit Bentonit zu entfernen. Bei diesem Anwendungszeitpunkt ergeben sich auch noch andere Vorteile. Es bindet nicht nur Eiweiß, sondern auch Trubbestandteile. Dadurch wird das Entschleimen unterstützt und eine reintönige Gärung gefördert (siehe „Behandlung des Presssaftes“, Seite 34).

INFO!

Eiweiß vor der Gärung mit Bentonit entfernen!

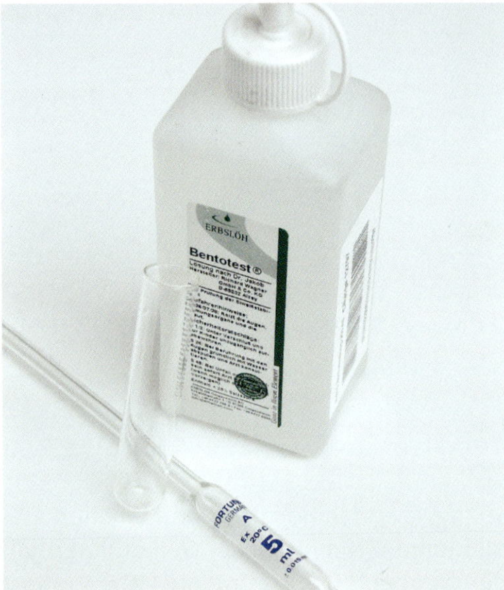

Bentotest

Der zweite, aber mit Sicherheit der schlechtere Zeitpunkt Eiweiß zu entfernen, ist nach der Gärung. Eine solche Behandlung darf nur nach einer Bedarfsermittlung (Schönungsvorversuch) durchgeführt werden, da bereits Geschmacks- und Aromastoffe sowie CO_2 aufgebaut wurden und Bentonit bei unnötig hohen Aufwandsmengen diese in Mitleidenschaft ziehen könnte.

Um thermolabiles Eiweiß im vergorenen Getränk nachweisen zu können, gibt es zwei Möglichkeiten:

1. Wärmetest

Eine Flasche filtrierter Obstwein wird zwölf Stunden bei 40 °C gehalten und anschließend zwölf Stunden in den Kühlschrank gestellt. Ist wärmelabiles Eiweiß vorhanden, fällt es in Form einer Trübung aus. Dieser Test ist einfach und aussagekräftig.

2. Bentotest nach Dr. Jakob

Der Test erfolgt mit einem Eiweißfällungsmittel (Reagenzlösung) und ist in kurzer Zeit ausgewertet. Dabei wird eine Mostprobe mit Hilfe von kleinen Filtern blank filtriert und danach mit der Reagenzlösung versetzt. Tritt nach wenigen Minuten eine Eintrübung auf, so kann man dadurch auf den Eiweißgehalt zurückschließen.

Wurde Eiweiß festgestellt, wird eine Schönungsvorversuchsreihe mit verschiedenen Bentonitmengen angesetzt, abfiltriert und letztlich nochmals einem Bentotest unterzogen. Der Versuch mit der geringsten Bentonitmenge bei gleichzeitig negativem Bentotestergebnis ist nun die ermittelte Bentonitmenge, welche im Fass verwendet werden soll.

Eine Überschönung mit Bentonit entfernt zwar das gesamte Eiweiß, würde jedoch auch andere Inhaltsstoffe angreifen.

Eiweiß-Gerbstoff-Trübungen

Ein weiterer Grund, warum das Eiweiß schon vor der Gärung entfernt werden soll, ist die Eigenschaft, sich bei bestimmten Bedingungen mit den Gerbstoffen zu binden und ein Gerinnsel zu bilden. Faktoren, die diese Reaktion begünstigen, sind der pH-Wert, der Eiweiß- und Gerbstoffgehalt sowie die Temperaturbedingungen. Diese Trübung zählt neben der stillen Nachgärung zu den häufigsten Ursachen einer späteren Veränderung in der Flasche.

Um diese von vornherein auszuschließen, ist es notwendig, das Eiweiß vor der Gärung mit einer Schönung von 100 g pro 100 Liter zu entfernen. Um sicher zu gehen, sollte nach der Gärung der zuvor beschriebene Bentotest durchgeführt werden.

INFO!

Es gibt zwei Problemkreise bei der Flaschenfüllung – es sind dies **Mikroorganismen** und **Restzucker**.

Obstwein ohne Restzucker macht bei der Flaschenfüllung geringere Probleme, da für Mikroorganismen die Nahrungsgrundlage fehlt. Schwierig wird die Flaschenfüllung bei Restzuckermosten. Um diese stabil in der Flasche zu halten, müssen die vorhandenen Mikroorganismen ausgeschaltet werden.

Bevor Obstwein in Flaschen abgefüllt werden sollte, muss dieser stabil sein, um Nachtrübungen, Verfärbungen oder Nachgärungen auszuschließen.

FÜLLVERFAHREN

Abbildung 30: Einteilung der Füllverfahren

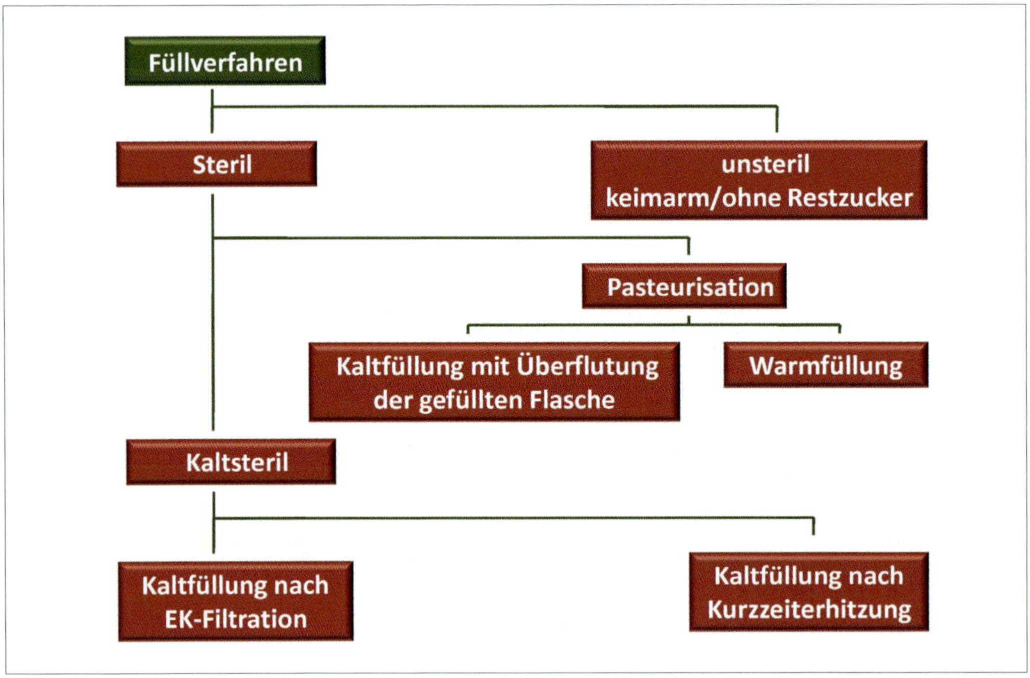

Unsterile keimarme Flaschenfüllung

Ist der Obstwein, wie hauptsächlich üblich, trocken ausgebaut worden, so genügt eine keimarme Flaschenfüllung mit gleichzeitiger scharfer Filtration. Noch vorhandene Hefen können wegen Fehlens von Zucker nicht tätig werden. Bei stabil und trocken ausgebauten Obstweinen ist diese keimarme Füllung möglich.

INFO!

Durch den geringen Alkoholgehalt der Obstweine kann jedoch bei unsauberen und bei ungünstigen Lagerbedingungen eine Infektion eintreten, die den Obstwein in der Flasche auch nach längerer Zeit eintrübt.

Grundvoraussetzungen für eine keimarme Flaschenfüllung sind daher:

- Saubere Arbeitsräume
- Saubere Arbeitsweise
- Obstweine ohne Zuckerreste
- Blank filtrierte Fasslagerung
- Säurewert mit mindestens 6 g/l
- Gerbstoffe und Eiweiß durch Schönung entfernt
- Ein über mehrere Wochen stabiler SO_2-frei-Spiegel von 30–40 mg/l
- Kühles Flaschenlager
- Rascher Verbrauch

Die Gefahr einer bakteriellen Veränderung oder einer Nachgärung kann trotz besten Bedingungen nie ganz ausgeschlossen werden.

Automatische Füll- und Verschließanlage

Kaltsterile Abfüllung

INFO!

Gärmost hat im Vergleich zu Traubenwein sowohl einen geringeren Alkohol- als auch einen geringeren Säuregehalt und somit meist einen höheren pH-Wert. Diese Faktoren begründen die Anfälligkeit gegenüber Schadorganismen (krankhafter biologischer Säureabbau etc.).

Nur die „Kaltsterile Flaschenfüllung“ ist in der Lage, diese Erfordernisse zu erfüllen. Bei diesem Füllverfahren werden die obstweinschädlichen Mikroorganismen entfernt. Somit treten auch dann keine Veränderungen des Getränkes auf, wenn Restzucker (mehr als 2 g pro Liter) vorhanden ist.

INFO!

Bei Kaltsteriler Füllung werden die obstweinschädlichen Mikroorganismen entfernt.

Dazu sind folgende Punkte zu beachten:

- Filter, Leitungen und Füller keimfrei
- Flaschen keimfrei
- Korke und Verschließer keimfrei
- Aseptische Arbeitsweise
- Maschinen und Füllraum äußerst sauber
- Jede Reinfektion vermeiden

Obige Voraussetzung erreichen wir durch:

Heißwasser

Von der Filtereinlaufseite her wird so lange Heißwasser in die Anlage gepumpt, bis dieses etwa 15 bis 20 Minuten auf der Auslaufseite mit rund 90 °C herausfließt.

Dämpfen

Diese Art der Sterilisierung ist die beste Methode und auch in den Weinbaubetrieben sehr beliebt, da alle Maschinenteile heiß werden und somit eine sichere Keimfreimachung eintritt.

Flaschenfüllung mit 6-stelligem Reihenfüller und gleichzeitiger Entkeimungsfiltration

Abbildung 31: Kaltsterile Flaschenfüllung

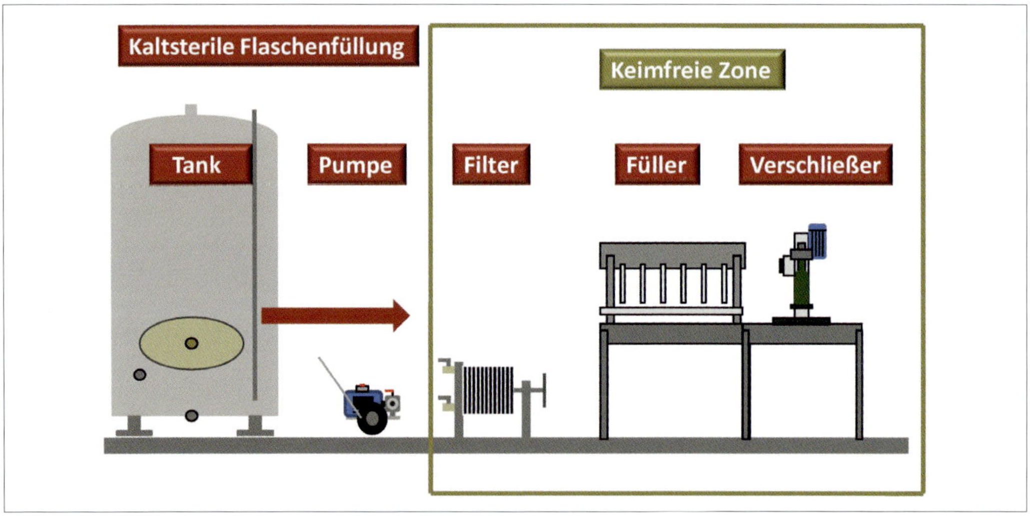

Sterilisation von Filter und Füllleitung mit Dampf

1. Filter, Leitungen, Schläuche und Füller werden sofort nach dem Gebrauch mit Wasser nachgespült und mit 1-prozentigem kombinierten Reinigungs- und Desinfektionsmittel kalt gereinigt. Filterplatten werden damit gebürstet, gründlich nachgespült und offen stehen gelassen.
2. Filter fertig zusammensetzen und locker packen. Vor dem Dämpfen nicht wässern, da gewässerte Schichten sehr viel Dampfenergie verbrauchen.
3. Von der Auslaufseite her dämpfen – dadurch kann das gebildete Kondenswasser nach unten ablaufen und die entscheidende Hitze kann auf die Klarseite der Filterschicht einwirken.

4. Alle Hähne und Ventile öffnen.
5. Dampfmenge so drosseln, dass nur wenig Dampf ohne Druck aus den offenen Ventilen austritt.
6. Dampffahne darf höchstens handlang aus den Ventilen austreten – ansonsten Schichtenverletzungen.
7. Spindel während des Dämpfens nur leicht anziehen.
8. Nachdem der Filter heiß geworden ist, noch 30 Minuten dämpfen!
9. Besteht der Filter aus Kunststoffplatten, so darf der Filter erst nach dem Auskühlen fest zusammengedreht werden. Kunststoff dehnt sich bei Erhitzung sehr stark aus, so dass ansonsten Spannungen und womöglich Verformungen entstehen würden.
10. Anschließend Schläuche und Füller mindestens 30 Minuten dämpfen (währenddessen kann der Filter auskühlen).
11. Fülllinie zusammenstellen und in Fließrichtung bis zur Geschmacksfreiheit wässern (etwaige Keime bleiben im EK-Filter hängen).
12. Wasser mit Produkt ausdrücken.

Abbildung 32: Sterilisation von Filter und Füllleitung mit Dampf

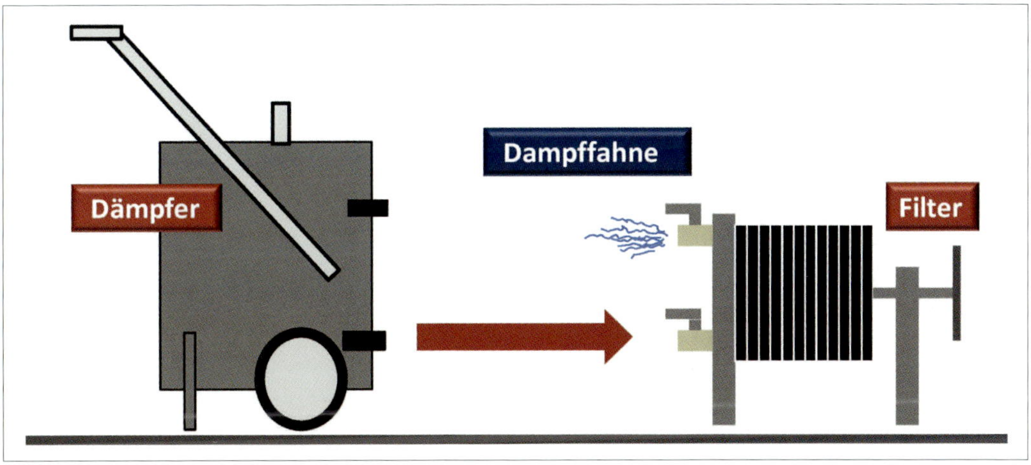

Beispiel von Flaschen- und Etikettengestaltung

Chemische Mittel

Die gesamte Anlage wird mit einem chemischen Desinfektionsmittel keimfrei gemacht.

Zwei Möglichkeiten:

- Das Desinfektionsmittel **in Warmwasser** mindestens 20 Minuten rundpumpen.
- Die gesamte Anlage **mit Kaltwasser** und Desinfektionsmittel blasenfrei vollfüllen und über mehrere Stunden einwirken lassen.

Sterilisation der Fülllinie mit chemischen Mitteln

1. Reinigung der Abfülllinie

Filter, Leitungen, Schläuche und Füller werden sofort nach jedem Gebrauch mit Wasser nachgespült und mit 2-prozentigem kombinierten Reinigungs- und Desinfektionsmittel kalt gereinigt.

Vor dem Abfüllen werden die Filterplatten in die Lösung eingelegt. Die Schläuche sowie der Füller werden befüllt und wirken 30 Minuten ein, danach mit Frischwasser spülen.

2. Kaltsterilisieren der Abfüllvorrichtung

Vor dem Fülltag werden die gereinigten Schläuche, die Pumpe, der fertig gepackte Schichtenfilter sowie der Füller mit 3-prozentigem Desinfektionsmittel auf Basis von Wasserstoffperoxid blasenfrei gefüllt und bleiben zwölf Stunden stehen. Auf die Füllorgane werden Flaschen aufgesteckt, die Füllorgane werden dadurch ebenfalls sterilisiert.

Vor dem Füllen wird die Desinfektionslösung mit Frischwasser aus der Anlage gespült. Anschließend wird das Spülwasser mit dem zu füllenden Obstwein aus dem Filter gedrückt, und es kann mit der Abfüllung begonnen werden.

INFO!

Nach der Desinfektion Spülwasser mit dem zu füllendem Obstwein aus dem Filter drücken.

3. Flaschenreinigung

Es dürfen nur absolut saubere Flaschen zur Befüllung gelangen. Für Restzuckermoste ist die Verwendung von Neuflaschen empfehlenswert. Bei Gebrauchtflaschen wird folgendermaßen vorgegangen:

Die verschmutzten Flaschen werden in einer Reinigungslösung bei 40 °C mind. 20 Minuten eingeweicht. Danach erfolgt die Entfernung des Schmutzes mit einer Flaschenwaschmaschine. Zum Schluss wird die Flasche mit Frischwasser ausgespült und soll austropfen.

4. Flaschensterilisation

Es hat wenig Sinn, wenn zwar die gesamte Abfülllinie (Filter-Schlauch-Füller) steril gebracht werden konnte, die Flaschen aber noch mit Keimen verseucht sind. Für die Flaschensterilisation stehen zwei Möglichkeiten zur Verfügung:

- Sterilisation mit 2-prozentiger Schwefeliger Säure, wobei diese Methode heute kaum noch Anwendung findet.

Flaschensterilisator

- Sterilisation mit 3-prozentiger Wasserstoffperoxidlösung (z. B. Bisteril) bei drei Sekunden Sprühzeit mit einem Flaschensterilisator – der darf jedoch nur einmal verwendet werden.

Für beide Möglichkeiten gilt daher: Nach der Sterilisation muss die Flasche mindestens 30 Minuten austropfen oder, noch besser, mit Wasser nachgespült werden.

FLASCHENREINIGUNG

Der Trend zu Einwegflaschen hat sich im Traubenweinbereich durchgesetzt. Das gesamte Pfandsystem mit Rücknahme, Sortierung, Aufbewahrung und letztendlich Waschen ist für jeden einzelnen Betrieb eine enorme finanzielle und auch arbeitswirtschaftliche Belastung.

Im Obstweinbereich ist es allerdings noch üblich, dass die Flaschen retour genommen werden und entweder im eigenen Betrieb oder im Lohnverfahren in Großbetrieben gewaschen werden.

Neuflaschen

- Mit Desinfektionsmittel ausspritzen (z. B. Bisteril, kalt 2,5-prozentig)
- Mit Wasser nachspülen
- Füllen

Gebrauchte Flaschen

Müssen vor der eigentlichen mechanischen Reinigung in einem Laugenbad „eingeweicht" werden. Schmutzreste werden aufgeweicht. Die Reinigung soll in folgendem Ablauf vor sich gehen:

Flascheneinweiche

Idealtemperatur: 50 °C
Einweichzeit: 20 Minuten
Bei 10–20 °C – Einweichzeit: 12 Stunden

Laugenkonzentration: je nach Gebrauchsanweisung und Temperatur bis 1 %.

Möglichkeiten:

Bottich: Voraussetzung: Die Flasche muss immer vollständig benetzt sein (keine Luftblasen).
Einweichrad: technisch aufwändiger, jedoch größere Leistung mit gleichzeitig geringerem Arbeitsaufwand.

Flaschenbürstmaschine

Ein- oder zweistellig, Bürsten entfernen den aufgeweichten Schmutz, Desinfektion der Bürsten in Abständen von 1–2 Stunden wäre ratsam. Bei stehenden Bürsten ist die Desinfektion nicht notwendig.

Flaschenausspritzer

Entfernt lose Bürstenreste und Schmutzteile.

Abtropfen

Damit der nachfolgende Desinfektionsmitteleinschlag nicht zu sehr verdünnt wird.

Desinfektionsmitteleinschlag

z. B. Bisteril 2,5-prozentig, mit drei Sekunden Einwirkzeit

Ausspritzen mit klarem Wasser

Entfernt die Desinfektionsmittelreste, ideal wäre entkeimtes Wasser (Entkeimungsfiltration).

Abtropfen lassen

Flaschenfüllung

REINIGUNG UND DESINFEKTION

Eine der ersten Voraussetzungen für eine hygienische Betriebsführung ist die peinlichste Sauberkeit und die regelmäßige Reinigung und Desinfektion der Betriebsanlagen und Räume. Gerade zur Zeit der Pressarbeit ist die tägliche Reinigung und Desinfektion der Presse, der Schläuche sowie des Pressraumes von enormer Wichtigkeit. Einen ganz besonderen Stellenwert hat die Reinigung und Desinfektion bei der Kaltsterilen Flaschenfüllung. Nur dann, wenn Flasche und Fülllinie frei von obstweinschädlichen Mikroorganismen sind, kann das Getränk in der Flasche stabil bleiben.

Dazu müssen von den räumlichen Gegebenheiten die Voraussetzungen geschaffen sein. Da das Aufgabengebiet für die Reinigung und Desinfektion im Getränkebereich sehr umfangreich ist, sind spezielle Reinigungs- und Desinfektionsmittel für jeden Bereich (Pressenreiniger, Fassreinigungsmittel, Flaschenreiniger,...) notwendig.

INFO!

Jeder Mostproduzent sollte Reinigungs- und Desinfektionsmittel für seine Zwecke lagernd haben.

Reinigung

Da eine Desinfektion ohne vorhergehende gründliche Reinigung keinen Erfolg hat, wird folgend vorgegangen:

1. Aufweichen von Schmutzkrusten mit Warmwasser und Reinigungsmittel
2. Entfernung der Schmutzkruste mit Bürste und Wasserstrahl
3. Abspülen des Reinigungsmittels mit klarem Wasser
4. Behandlung mit einem dafür geeigneten Desinfektionsmittel
5. Nachspülen und abtrocknen lassen

Die anschließende Aufstellung gibt Auskunft über die gebräuchlichsten Desinfektionsmittel in der Getränketechnologie und deren Wirkstoffen. Für die zu verwendenden Konzentrationen ist die Gebrauchsanweisung des Desinfektionsmittels zu befolgen.

Klebeflächen in Polyestertanks können Brutstellen für Mikroorganismen sein und sind daher gründlich zu reinigen.

Auch Abflussrinnen müssen in die Reinigung miteinbezogen werden.

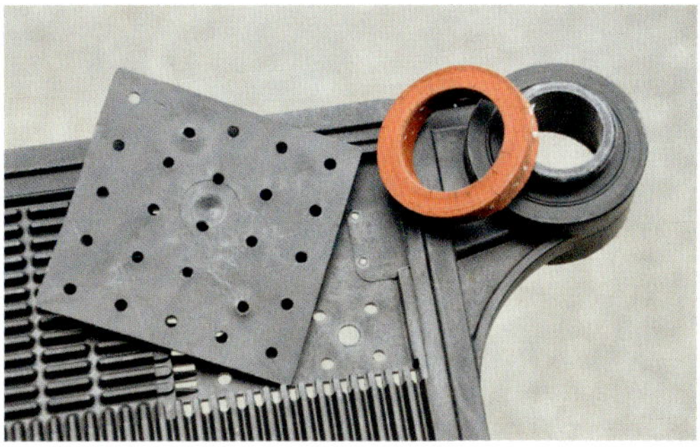

Hinter Gummidichtungen sammeln sich oft Keime.

Schlauchbinder sind ebenso eine mirkobiologische Gefahrenquelle.

Folgende Desinfektionsmittel stehen zur Auswahl:

2-prozentige Schwefelige Säure

Lässt sich selbst aus einer im Handel befindlichen 5-prozentigen herstellen. Bei der Anwendung entsteht aber eine sehr starke Geruchsbelästigung. Die Desinfektionswirkung ist sehr gut, die Säure greift jedoch Metalle an und wird deshalb nur mehr selten angewendet.

Desinfektionsmittel auf Basis von Wasserstoffperoxid

Bewährtes Desinfektionsmittel und ist ideal zur Filter-, Füller-, Tank- und Flaschendesinfektion. Vorteil: keine Geruchsbelästigung, kann jedoch nur einmal verwendet werden.

Aktivchlorhaltige Verbindungen

Eines der ältesten Desinfektionsmittel. Hat eine sehr gute Wirkungsbreite, greift jedoch ebenfalls Metalle (Chlor) an.

Quaternäre Ammoniumverbindungen (QAV)

Kein Metallangriff, aber auch keine vollkommene Sicherheit gegen Bakterien, jedoch als allgemeines Desinfektionsmittel zur Behandlung von Böden, Wänden und allgemeinen Gerätschaften gut geeignet.

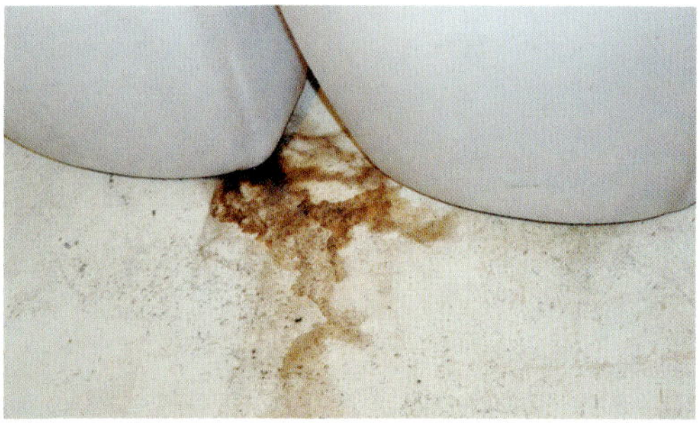

Undichte Fässer sind schnellstmöglich zu reparieren oder zu entsorgen.

Alkohole

Zur Desinfektion von Kleinbereichen wie Füllorgane, Korkschlösser bzw. zur Händedesinfektion können spezielle Alkoholdesinfektionsmittel verwendet werden.

Optimal ausgestatteter Hygieneplatz

FEHLER UND KRANKHEITEN

Von der Ernte bis zum Verkauf ist der Obstwein ständig Gefahren ausgesetzt, die einen Fehler oder eine Krankheit hervorrufen können. Meist ist es nicht ein einziger Behandlungsfehler, der zum Verderb des Getränkes führt. In den meisten Fällen ist es eine Aneinanderreihung vieler Vernachlässigungen in der Obstweinbehandlung.

Selten tritt daher auch ein einziger Fehler oder eine einzige Krankheit allein auf. Daher ist auch die oftmals praktizierte Einteilung in Fehler und Krankheiten des Obstmostes fragwürdig.

Der Vollständigkeit halber soll diese Einteilung dennoch kurz beschrieben werden.

MOSTKRANKHEITEN

Von Krankheiten spricht man, wenn sich Mikroorganismen, wie Essig-, Milch- oder Buttersäurebakterien, im Most vermehren und Abbauprodukte bilden.

Essigstich

Kennzeichen

Essigbakterien kommen in der Natur überall vor. Bereits im Presssaft ist eine große Anzahl von Bakterien vorhanden, besonders wenn Früchte bei der Ernte oder beim Transport gequetscht und nicht sofort weiterverarbeitet werden. Sie bevorzugen Wärme und Luftsauerstoff.

Es ist daher nötig, nach jedem Pressen sowohl die Geräte als auch den Pressraum äußerst sauber zu hinterlassen. Die Presstrester sind aus diesem Bereich zu entfernen. Die Presstücher werden am besten gleich gewaschen, oder, wenn am nächsten Tag weitergearbeitet wird, sind sie zumindest nach einer groben Reinigung im Wasser aufzubewahren (kein Luftzutritt).

INFO!

Bei essigstichigen Holzfässern sitzen die Bakterien im aufgeweichten Holz – besser neue Lagerbehälter anschaffen!

Nicht spundvolle Lagerbehälter, warme Keller, mangelnde Schwefelung und Reinlichkeit können weitere Ursachen für eine Essigsäurebildung sein. Essigstichige Holzfässer sind nur unter größtem Aufwand wieder in Ordnung zu bringen. Oftmals ist es besser, sich neue Lagerbehälter anzuschaffen. Die Essigbakterien sitzen nämlich im aufgeweichten Holz – die Infektion eines gesunden Obstmostes ist hier unausweichlich.

Vorbeugung

Saubere und fachlich richtige Kellerwirtschaft. Essigstichige Holzfässer sind zu erneuern.

Behandlung

Bei den ersten Anzeichen wäre eine Entkeimungsfiltration mit einer anschließenden stärkeren Schwefelung noch eine Möglichkeit, wobei ein stärkerer Befall nicht mehr heilbar ist.

Kahmhefe

Kennzeichen

An der Mostoberfläche bildet sich ein leichtes weißes Häutchen, welches bei Fortschreiten der Krankheit dicker wird.

Ursache

Kahm ist eine luftliebende Hefeart, die sich bei nichtspundvollen Fässern schnell entwickeln kann. Da Kahmhefe alkoholempfindlich ist, kommt sie in alkoholreichen Getränken (von 8 % vol. Alkohol aufwärts) nur sehr selten vor.

Folgen

Der Obstwein wird matt, es entwickelt sich Essigsäure, und der Alkohol- und Säuregehalt werden abgebaut.

Vorbeugung

Überlagerung mit CO_2-N-Gemisch, SO_2-Schutz, Behälter spundvoll halten, filtrieren.

Behandlung

Filtration, eventuell Säuremangel ausbessern und den Schwefelgehalt kontrollieren.

Kahmhefedecke an einem nicht vollkommen gefüllten Fass

Zähwerden

Kennzeichen

Durch Säureabbau fader matter Geschmack. Der Most wird trüb und zeigt eine dickflüssige, ölige Beschaffenheit.

Ursache

Bakterien und Schleimhefen, die sich bei geringem Säuregehalt, mangelnder Pflege und Reinlichkeit vermehrt haben.

Vorbeugung

Reinzuchthefegärung, rasches Abziehen vom Geläger mit Schwefelung und laufende Pflege.

Behandlung

Schwefelung – Säurekorrektur – Abzug durch eine Brause oder über einen neuen Kehrbesen (Schleimfäden sollen zerschlagen werden) und letztendlich Filtration.

Mäuseln

Kennzeichen

Gibt man einige Tropfen Obstwein in die Handfläche und verreibt sie, so kann man einen unangenehmen, nach Mäuseharn erinnernden Geruch feststellen. Auch der Geschmack ist im Abgang kratzend.

Ursache

Hauptursache ist eine mangelnde Gärung, die entweder einmal steckengeblieben ist oder die nicht vollkommen durchgegoren ist. Aber auch geringe Säure, warme Lagerung und zu spätes Abziehen vom Geläger kann Mäuseln hervorrufen.

Vorbeugung

Presssaftschwefelung, Reinzuchthefevergärung, zeitgerechtes Umziehen und kühle Lagerung.

Behandlung

Starkes Einschwefeln – längere Zeit stehen lassen – eventuell mit Kohle schönen – mit säurereicherem Most verschneiden. Starkes Mäuseln ist nicht mehr heilbar.

Milchsäurestich

Kennzeichen

Der Most trübt sich ein und hat einen unangenehmen sauerkrautähnlichen Geruch und Geschmack, der meist bald nach der Gärung auftritt.

Ursache

Milch- und Buttersäurebakterien konnten sich aufgrund geringer Säure, mangelhafter Gärung, zu späten Umziehens, zu warmer Lagerung sowie durch fehlende Schwefelung vermehren.

Behandlung

Abzug vom Geläger – Schwefelung – Säurekorrektur – Grobfiltration oder Schönung und letztendlich eine Entkeimungsfiltration. Starker Milchsäurestich ist nicht mehr heilbar.

Mostkrankheiten wie Milchsäure- oder Essigstich lassen sich am Geruch erkennen.
Foto: shutterstock.com/Piotr Piatrouski

MOSTFEHLER

Von Fehlern spricht man, wenn Farb-, Geruchs- oder Geschmacksveränderungen eingetreten sind, die auf chemische oder physikalische Veränderungen zurückzuführen sind. Sie sind auch nicht übertragbar und meist durch Behandlung großteils heilbar.

Der schwarze Bruch

Kennzeichen

Der Most trübt sich ins Graue oder Schwärzliche. In schweren Fällen erreicht er eine regelrecht grauschwarze Färbung.

Ursache

Während des Pressens und der Lagerung ist der Most mit Eisen in Berührung gekommen. Fruchtsäuren lösten dafür metallisches Eisen. Dieses wiederum geht eine Verbindung mit den Gerbstoffen ein und der Most wird trüb und schwarz. Niedrige Säure und SO_2-Mangel beschleunigen diesen Vorgang.

INFO!

Fruchtsäuren lösen metallisches Eisen – Kontakt des Mostes mit Eisen verhindern!

Vorbeugung

Maische, Presssaft und vergorenen Most nicht mit blanken Eisenteilen in Berührung bringen.

Behandlung

Schwere Fälle sind mit einer Blauschönung zu behandeln. Most- und Weinlabors geben darüber genauer Auskunft. Der schwarze Bruch kommt jedoch in der Praxis äußerst selten vor.

Der weiße Bruch

Erkennung

Der Most erscheint im durchfallenden Licht milchig-weiß.

Ursache

Eine Eiweiß-Gerbstoff-Trübung.

Vorbeugung

Entfernen von Eiweiß beim Entschleimen oder vor der Flaschenfüllung.

Behandlung

Kombinationsschönung Gelatine/Kieselsol mit Bentonit nach vorhergehenden Vorversuchen.

Schwefelböckser

Erkennung

Geruch nach faulen Eiern oder nach Schwefelwasserstoff

Ursache

Die Ursache können mangelnde Nährstoffversorgung während des Wachstums, hohe Gärtemperaturen, hohe pH-Werte, zu starkes Schwefeln, unsachgemäße Trocken-Konservierung von Holzfässern und unzureichendes Entschleimen des Mostes sein.

Behandlung

Der beginnende Böckser kann noch durch Belüften entfernt werden. Stärkere Böckser sind durch Kupfersulfat oder Kupfercitrat zu entfernen, allerdings nur nach Vorproben.

Zusätze von mehr als 1 g $CuSO_4$ (Kupfersulfat) führen sicher zu überhöhtem Kupfergehalt im Most und sind in einem autorisierten Labor auf die Notwendigkeit einer Blauschönung hin zu untersuchen. Im fertigen Obstwein liegt der Grenzwert beim Kupfer bei 1 mg/l, Produkte mit höheren Gehalten sind nicht verkehrsfähig.

Wird der Böckser nicht rasch behandelt, kann der Schwefelwasserstoff mit den Alkoholen reagieren und dabei übel riechende, so genannte Mercaptane bilden, die selbst durch Kupfer nicht mehr entfernbar sind.

Hefeböckser

Kennzeichen

Unsauberer Geruch nach fauler Hefe.

Ursache

Der Obstmost ist säurearm, lag zu warm und zu lange auf der Hefe, Abbau schwefeliger Verbindungen des Hefe-Eiweißes zu Schwefelwasserstoff.

Vorbeugung

Frühzeitiger Abstich, kühle Lagerung.

Behandlung

Intensive Lüftung, in schweren Fällen Kohleschönung.

Holzgeschmack

Kennzeichen

Holzähnlicher herber Geschmack.

Ursache

Holzfass war nicht oder nur mangelhaft weingrün gemacht worden.

Vorbeugung

Genaues Weingrünmachen, am besten durch Dämpfen, 2-prozentige Sodalösung und abschließendes Wässern bis zur Geschmacksfreiheit.

Behandlung

Gelatine-Kieselsol-Schönung kann mindernd wirken, ansonsten Kohleschönung mit anschließender Umgärung.

Unerwünschte Trübungen können die Folge von mikrobiologischen Vorgängen sein.
Foto: shutterstock.com/pinot-noir

Foto: shutterstock.com/AnnaTamila

FASSBAUARTEN – FASSPFLEGE

HOLZFASS

Das Holzfass zählt zu den ältesten Lagerbehälterbauarten und hat somit eine lange Tradition.

Tabelle 11: Vor- und Nachteile von Holzfässern

Vorteile	Nachteile
■ Reifefördernde Eigenschaften ■ Fass ist zerlegbar ■ Optische Bereicherung des Kellers	■ Anfällig gegen Mikroorganismen ■ Schwieriges Weingrünmachen ■ Schwundverluste ■ Komplizierte und oft umständliche Reinigung ■ Großer Pflege- und Erhaltungsaufwand

In der Traubenweinbereitung bringt bei bestimmten Traubensorten eine längere Holzfasslagerung eine beträchtliche Qualitätssteigerung. Besonders Rotweine werden in Holz ausgebaut.

Moste, die ein Jahr und länger auf Holz liegen, schmecken schal. Die gesamte Kohlensäure wurde durch das Holz „veratmet". Hier hilft nur eine CO_2-Imprägnierung vor der Flaschenfüllung bzw. vor dem Verkauf (siehe „CO_2-Anreicherung", Seite 81).

Durch den relativ geringen Alkohol- und Säuregehalt wirkt eine Lagerung über ein halbes Jahr hinaus im Holzfass eher schädigend, vor allem dann, wenn keine Möglichkeit der nachfolgenden CO_2-Imprägnierung besteht.

Bei Holzfasslagerung ist auf Folgendes unbedingt zu achten:

- Der Most muss ständig kontrolliert werden (Säuregehalt)
- Lagerschwund ist baldigst aufzufüllen
- CO_2-Imprägnierung vor der Flaschenfüllung bzw. vor dem Verkauf
- Fassaußenseite vor Schimmelbefall schützen

INFO!

Das Ziel der Obstweinerzeugung ist ein erfrischendes, spritziges Getränk. Gerade diese Kohlensäure geht aber bei längerer Holzfasslagerung verloren.

Das jährliche „Aufschlagen des Fasses“ (Entfernung des Fassbodens) ist von gesunden Fässern zu unterlassen:

- da die Lebensdauer der Fässer darunter leidet,
- da das Zusammenstellen oft schwierig ist und dadurch das Fass nicht dicht wird,
- da dieses Aufschlagen sehr viel Zeit benötigt und
- da eine gründliche normale Reinigung bei gesunden Fässern genügt.

Das oft praktizierte Liegenlassen des Gelägers im sonst leeren Holzfass bis zur nächsten Ernte ist als äußerst grober Fehler anzusehen. Es bringt keinen einzigen Vorteil! Das Geläger, bestehend aus abgestorbenen Hefezellen, beginnt sich unter Sauerstoffeinfluss und Feuchtigkeit zu zersetzen bzw. trocknet ein. In solchen Fällen kann das Fass irreparable Schäden erleiden.

HINWEIS!

Durch Nichtentfernen des Gelägers kann ein sonst leeres Holzfass irreparable Schäden erleiden.

Sobald ein Fass leer wird, muss es gründlich gereinigt werden. Das Ausspülen, Ausbürsten sowie die Behandlung mit verschiedenen Reinigungsmitteln speziell für Holzfässer ist unbedingt notwendig!

Fassreinigung

Nasskonservierung

Das Fass wird zur Hälfte mit Wasser befüllt. Pro 100 Liter Fassvolumen wird ein Liter Schwefelige Säure eingemischt und spundvoll gefüllt. Dadurch erzielt man eine 0,05-prozentige Schwefellösung.

Vorteile:

- Ständig füllbereit
- Kein monatlicher Schwefeleinschlag notwendig
- Vorbeugung gegen fassbedingte Fehler

Trockenkonservierung

Schwefelschnitten werden im oberen Bereich angezündet und in das Fass eingehängt. Fassöffnungen werden verschlossen. Der Sauerstoff verbrennt und durch die Bildung von Schwefeliger Säure entsteht eine für Mikroorganismen unwirtliche Atmosphäre.

BEDARF!

200 Liter – 1 Schnitte | 400 Liter – 1,5 Schnitten | 800 Liter – 2 Schnitten 1.600 Liter – 3 Schnitten

Abbildung 33: Konservierungsarten von Holzfässern

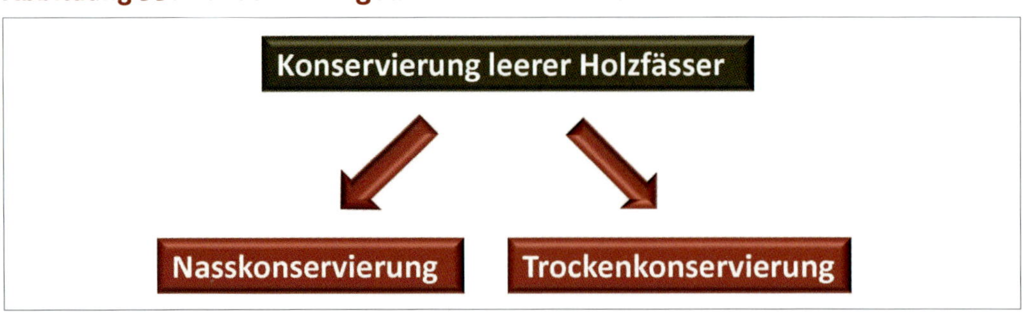

Angezündete Schwefelschnitte wird ins Fass eingehängt

Leere Holzfässer, in denen gesunder blanker Gärmost gelagert wurde, sind einfach zu reinigen. Sie brauchen lediglich gründlich ausgespült zu werden und sind anschließend wieder füllbereit. Erfolgt die nächste Füllung erst in einigen Wochen oder Monaten, so sind Holzfässer entweder nass oder trocken zu konservieren.

Schwieriger wird die Reinigung von Holzfässern, in deren Gärungsgeläger vorhanden sind. Geläger, die noch nicht eingetrocknet sind, lassen sich leichter reinigen. Ausspülen, ausbürsten und letztendlich eine Behandlung mit Heißwasser in Verbindung mit speziellen Reinigungsmitteln entfernt wirkungsvoll hartnäckigen Schmutz. Diese Mittel töten die in den Holzzellen noch vorhandenen Hefezellen ab. Abschließend das Wässern bis zur Geschmacksfreiheit nicht vergessen!

Behandlung kranker Holzfässer

Durch unsachgemäße Behandlung von Most oder Holzfass können sich Schimmel oder Bakterien vermehren und das Fassholz auf Dauer schädigen.

Schimmelbefall

Ungeschützte Fässer in feuchten Kellern werden sehr schnell von Schimmelpilzen befallen. Hier hat eine Außen- und Innenkonservierung besondere Bedeutung.

Die Außenseite der Fässer soll ständig trocken gehalten werden (trockenwischen). Spezielle Fassöle schützen zusätzlich vor Schimmelbefall. Die Entfernung des weißen Schimmels ist möglich. Er macht sich durch einen dumpfen, muffigen Geruch im Fass und auch im Obstmost bemerkbar.

INFO!

Spezielle Fassöle schützen vor Schimmelbefall.

Behandlung

Abbürsten (Fasstür ist notwendig, ansonsten muss aufgeschlagen werden), mit kaltem Wasser abwaschen und mit speziellen Reinigungsmitteln behandeln. Schließlich wird bis zur Geschmacksfreiheit gewässert.

Holzfässer, die vom grünen Schimmel befallen sind, können fast nicht mehr ordnungsgemäß instandgesetzt werden. Nur ein Aushobeln und Weingrünmachen kann hier Abhilfe schaffen. Wenn das Schimmelgewebe jedoch tief in das Holz eingedrungen ist, muss das Fass entsorgt werden.

INFO!

Gewissenhafte Fasspflege erspart aufwändige Instandsetzungsarbeiten!

Essigstichige Fässer

Holzfässer, in denen essigstichiger Most gelagert worden ist, enthält in den Holzfasern Essigsäurebakterien. Diese müssen vor einer neuerlichen Befüllung abgetötet und entfernt werden.

Die wirkungsvollste Methode ist das Ausdämpfen. Dabei wird so lange Dampf in das Fassinnere geleitet, bis sich die Außenseite warm anfühlt. Dadurch werden die Krankheitsbakterien inaktiviert.

Durch Wässern und einer folgenden Sodabeize (2-prozentig) werden die Bakterien und deren Stoffwechselprodukte entfernt.

Anstelle des Dämpfens kann auch eine Schwefelung mit SO_2-Gas treten. Die folgende Behandlung bleibt gleich.

Dämpfen eines Holzfasses

Weingrünmachen

Die Gerbsäuren im Holz von neuen Fässern werden durch die Inhaltsstoffe des Obstweines ausgelaugt. Wird ein Holzfass vor der ersten Befüllung nicht „weingrün" gemacht, so finden sich diese Gerbsäuren im Getränk wieder.

Bei Rotweinen und auch vermehrt bei Weißweinen wird dieser Effekt bewusst im Barriqueausbau ausgenützt. Bei Obstweinen wirkt ein harter Holzton eher störend und unangenehm. Das Entfernen dieser störenden Gerbsäuren aus dem Holzfass nennt man „Weingrünmachen".

Abbildung 34: Entfernen störender Gerbsäuren

VORGANG:

Wässern

warm	dämpfen
mit 2-prozentiger Sodalösung	bis Außenwand warm ist
mit Heißwasser spülen	sicherste Maßnahme
wiederholen	wiederholen

Wässern bis zur Geschmacksfreiheit

Keine besonderen Moste einlagern

KUNSTSTOFFBEHÄLTER

Weich- und Hartplastiktanks werden in unterschiedlichsten Größen und Formen bis zu 1.000 Liter angeboten. Diese müssen, da Alkohol und Säuren einwirken, lebensmittelecht sein.

Sie zeichnen sich aus durch:

- Geringes Gewicht
- Geringe Anschaffungskosten
- Leichte Handhabung
- Leichte Reinigung

Für den häuslichen Obstweinerzeuger sowie für Restmengen oder als Manipulationsgefäße sind diese Behälter gut geeignet.

GFK-TANKS (GLASFASERVERSTÄRKTE POLYESTERTANKS)

Diese sind in allen Formen und Größen erhältlich. Sie bilden einen guten Kompromiss zwischen Preis und Leistung. Das GFK-Material ist jedoch bruchanfällig und durch die raue Oberfläche bei Pflege und Reinigung aufwändiger. Großbetriebe steigen vermehrt aus diesen Gründen auf Edelstahltanks um.

EDELSTAHLTANKS

Von der Lebensdauer, vom Pflegeaufwand und letztendlich von der Qualität ist ein Edelstahltank sicher das Beste, was am Markt angeboten wird. Demgegenüber steht der höhere Preis. Zubehör wie Füllstandsanzeige und Kosterhähnchen sind zu empfehlen, da sie die Kellerarbeit erheblich erleichtern.

Kunststoffbehälter

GFK - Tanks

Edelstahltanks

Foto: shutterstock.com/Tommy Lee Walker

MOSTUNTERSUCHUNGS-METHODEN

SÄUREMESSUNG

Die einfachste Methode zur Bestimmung des Säuregehaltes ist die mit der Blaulauge. Die Genauigkeit hängt aber wesentlich vom Alter und von der Lagerung der Blaulauge ab (siehe „Presssafteinstellung“, Seite 34). Wird vergorener Obstmost auf den Säuregehalt hin untersucht, so muss dieser zuvor leicht erhitzt werden (nicht kochen), damit die enthaltene Kohlensäure entweichen kann. Diese wirkt nämlich sauer und kann den Säurewert bis 0,5 g/l erhöhen. Anschließend muss der zu untersuchende Most wiederum auf 20 °C gekühlt werden. Erst dann darf die Säurebestimmung durchgeführt werden.

Für die Säurebestimmung gibt es im Handel zwei verschiedene Konzentrationen der Blaulauge:

- Für die 1/3 N Blaulauge werden 25 ml Probenmenge benötigt
- Für die 2/15 N Blaulauge werden 10 ml Probenmenge benötigt

ALKOHOLBESTIMMUNG

Ebullioskop

Als einfache und für den Praktiker als ausreichend genaue Methode hat sich die Bestimmung des Alkoholgehaltes mit dem Maligandgerät (Ebullioskop) bewährt. Der große Vorteil dieser Methode besteht darin, dass keine Reagenzien benötigt werden.

Die Untersuchung basiert auf der Bestimmung des Siedepunktes. Je höher der Alkoholgehalt einer Flüssigkeit ist, desto niedriger ist ihr Siedepunkt. Da der Siedepunkt einer Flüssigkeit luftdruckabhängig ist, muss das Gerät vor einer Untersuchung mit Wasser geeicht werden.

Als Nachteil dieser Methode ist zu nennen, dass nur trocken ausgebaute Obstweine ein richtiges Ergebnis bringen. Restzucker im Getränk verfälscht das Ergebnis.

INFO!

Bei dieser Alkoholbestimmung werden keine Reagenzien benötigt.

FARBVERLAUF WÄHREND DER SÄUREBESTIMMUNG MIT BLAULAUGE

Originalprobe

Beginn der Titration

Intensivierung des Gelbtones

beginnender Grünton

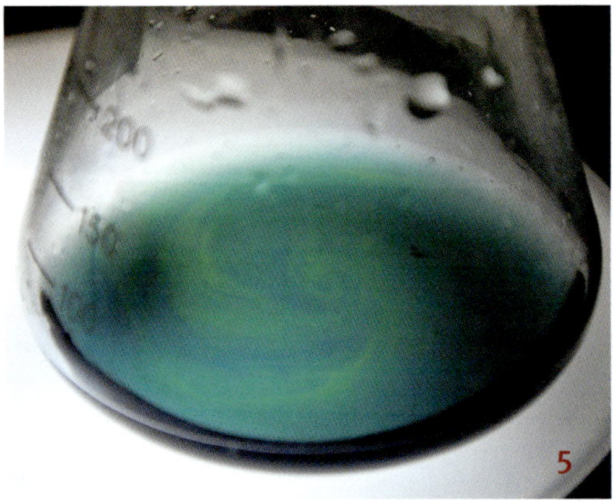

Optimaler Umschlagszeitpunkt

Übertitration bei starken Blautönen

Alkoholbestimmung nach Dr. Rebelein

Neben einer Destillationsapparatur sind auch einige zum Teil aggressive Reagenzien notwendig.

Mit etwas Übung lassen sich sehr genaue Ergebnisse erzielen. Einige der Reagenzien sind nur begrenzt haltbar und somit ist eine Mindestanzahl von Alkoholbestimmungen pro Jahr notwendig, damit sich diese Investition auch lohnt. Durch Verdünnung der Probe können auch Liköre untersucht werden.

INFO!

Damit sich eine Investition lohnt, ist eine Mindestanzahl an Alkoholbestimmungen/Jahr notwendig.

SCHWEFELBESTIMMUNG

Titrovinzylinder

Diese recht einfache Methode liefert für trockene Obstweine sehr genaue Ergebnisse. Benötigt wird ein „Titrovinzylinder“, welcher vergleichsweise günstig ist, und zwei Reagenzien (Jodid-Jodat-Lösung, Stärke-Säure-Lösung).

Je nachdem, ob der „freie SO_2-Gehalt“ oder der „Gesamtschwefelgehalt“ untersucht wird, gibt es unterschiedliche Reihenfolgen der Zugabe von Probe und Reagenzien in den Titrovinzylinder. Das Ergebnis kann direkt am Zylinder abgelesen werden. Eine genaue Beschreibung der Vorgehensweise liegt dem Zylinder bei.

INFO!

Mit dieser Methode kann der freie SO_2-Gehalt oder der Gesamtschwefelgehalt bestimmt werden.

Schwefelbestimmung nach Dr. Rebelein

Im Vergleich zur Alkoholbestimmung nach Dr. Rebelein ist diese Methode um vieles einfacher. Auch hier sind Reagenzien notwendig. Eine Destillation ist nicht notwendig. Eine ausführliche Beschreibung liegt bei, und die Ergebnisse sind sehr genau.

CIDERBEREITUNG

DEFINITION

Den Begriff Cider (engl.), Zider (dt.), Siider (Schweiz), Cidre (Frankreich, Belgien), Sidra (Spanien) etc. finden wir in ganz Europa, wobei nicht alle Produktionsländer das gleiche darunter verstehen. Grundsätzlich ist es ein prickelnder, CO_2-hältiger, alkoholarmer, meist aus Äpfeln erzeugter Obstwein mit mehr oder weniger Restsüße.

Der Begriff „Cider" wird aber auch in manchen Ländern im Sprachgebrauch als Synonym für einen vergorenen Apfelmost verwendet. Als Alternative zu Bier ist er in unterschiedlichsten Varianten und Erscheinungsformen (CO_2-Gehalt, Alkohol, Süße, Gerbstoffe etc.) erhältlich.

Die in Europa größten Produktionsländer sind Großbritannien und Irland. Nirgendwo ist Cider beliebter. Mit einem Pro-Kopf-Verbrauch von ca. 20 l/Jahr führt Irland vor Großbritannien mit ca. 9 l/Jahr.

Während spanischer Sidra, französischer Cidre und österreichischer Zider milder, süßer, alkoholärmer und prickelnder sind, ist der britische Cider um einiges herber und enthält mit bis zu 12 % vol. am meisten Alkohol, jedoch am wenigsten Kohlensäure. Die Bezeichnung „dry", „sweet", „sparkling" oder „fruity" bezeichnen die jeweilige Geschmacksrichtung.

GESETZLICHE BESTIMMUNGEN

Österreich

Geregelt in der „Obstweinverordnung"; Auszug; Stand Jänner 2023:

Laut Österreichischem Weingesetz ist Zider ein Getränk aus einem Gemenge von Fruchtsaft mit Obstwein derselben Obstartengruppe. Dieser darf max. 5 % vol. Alkohol enthalten und einen Kohlensäuredruck von max. 2,5 bar bei 20 °C aufweisen. Alkoholgehalt plus Restzuckergehalt, welcher in Alkohol umgerechnet wird, dürfen zusammen nicht mehr als 8 % vol. ergeben.

Frage: Entspricht ein Zider mit 5,0 % vol. mit einem Restzuckergehalt von 50 g/l den gesetzlichen Anforderungen?

Umrechnung Restzucker in Alkohol: 17 g Restzucker entsprechen 1 % vol.

Ein Zider mit 5,0 % vol. plus 50 g/l an Restzucker würde dem Gesetz entsprechen: 50 : 17 = 2,9 % vol. plus vorhandene 5,0 % vol. ergibt gesamt 7,9 % vol. Alkohol. Demnach unterschreitet dieses Produkt die gesetzliche Obergrenze von 8 % vol. Alkohol inkl. Restzucker.

Es gilt: Dem Zider dürfen Säure- und Zucker zugesetzt werden.

Daneben gibt es noch gesetzliche Regelungen für „Obstperlwein", „Aromatisiertes obstweinhaltiges Getränk", „Obstschaumwein" und „Obstweinhaltiges Getränk", welche sich durch den Alkoholgehalt, CO_2-Druck und aromagebende Komponenten unterscheiden.

Deutschland

In Deutschland gibt es für Cider bislang keine rechtlich festgelegte Definition. Fruchtwein und Apfelwein sind unter dem Begriff „weinähnliche und schaumweinähnliche Getränke" in der „Verordnung über bestimmte alkoholhaltige Getränke" (Alkoholhaltige Getränke-Verordnung §§ 10 und 11) geregelt.

Schweiz

Die „Verordnung des EDI über alkoholische Getränke" (Eidgenössisches Department des Inneren) ist ein Bundesgesetz, in dem der Obstwein bzw. Obstschaumwein in seinen Anforderungen und Bezeichnungen geregelt ist.

HERSTELLUNG

Angestrebt werden folgende Werte im fertigen Zider:

Alkoholgehalt: 2,5–4 % vol.
Säuregehalt: 6–7 g/l
Zuckergehalt: 20–50 g/l
CO_2-Druck: 1,5–2,0 bar

Ausgangsware

Entscheidend für die Geschmacksrichtung ist die Wahl des Ausgangmaterials. Säurebetonte gerbstoffreiche Mostäpfel ergeben in Anlehnung an den englischen „WestCider" farbintensive kräftige, gerbstofflastige Produkte, wobei die leichte Bitterkeit und Adstringenz ("raues" oder "pelziges" Mundgefühl) solcher Cider vom Konsumenten unterschiedlich angenommen wird. Um ein Produkt mit hoher Akzeptanz beim Konsumenten platzieren zu können, ist ein ausgewogenes harmonisches Verhältnis zwischen Zucker, Säure und Alkoholgehalt notwendig.

Abstimmung

Verschnitt

Als Basis dient ein klarer, feinfiltrierter, eiweißstabiler Obstwein mit einem SO_2-frei Gehalt zwischen 40 und 45 mg/l. Dieser wird mit Saft derselben Obstart, welcher ebenso klar, eiweißstabil und bereits pasteurisiert wurde, verschnitten. Um eine genauere Abstimmung vornehmen zu können, kann Säure und/oder Zucker zugegeben werden. Die Kunst liegt in der harmonischen Abstimmung zwischen den Gehalten an Alkohol, Säure, Zucker und Kohlensäure. Dazu gibt es folgende Möglichkeiten:

Variante 1: Sensorische Abstimmung mit anschließender Analyse

In der Praxis wird oftmals nicht berechnet, sondern es werden nach Gefühl und Geschmack Vorversuche angesetzt. Ist eine Mischung sensorisch zufriedenstellend, wird diese im Labor auf Alkohol-, Säure- und Zuckergehalt analysiert. Danach erfolgt die Mischung in der Gesamtmenge.

Variante 2: Berechnung

Um sich in den benötigten Mengen orientieren zu können, kann dies im Vorfeld berechnet werden.

Rechenbeispiel

500 Liter Apfelwein sollen zu einem Zider ausgebaut werden. Dieser soll folgende Kenndaten haben:

- 7,2 % vol. Alkohol
- 7,0 g/l titrierbare Säure
- 2 g/l Restzucker
- 40 mg SO_2-frei pro Liter

Als **Mischungspartner** steht ein Apfelsaft mit 50 °Oe (= 10 °KMW) zur Verfügung.
Dieser hat folgende Kenndaten:

- 50 °Oe sind 100 g Zucker/l (°Oe x 2 = g Zucker/l)
- 6,0 g titrierbare Säure/l

Gewünscht ist ein Zider mit einem Alkoholgehalt von 4,5 % vol.

1. Zuerst wird die Gesamtmenge berechnet nach dem gewünschten Alkoholgehalt:

Formel: (vorhandener Alk. / gewünschten Alk.) x vorhandene Obstweinmenge = Gesamtmenge Zider

(7,2 % vol. / 4,5 % vol.) x 500 = **800 Liter Zider mit 4,5 % vol.**

2. Dann berechnet man aus dieser Mischung den entstehenden Säurewert:

Säuregehalt des Obstweines: 7,2 g/l
500 l x 7,2 g/l = 3600 g
Säurewert des Apfelsaftes: 6,0 g/l
300 l x 6,0 g/l = 1800 g
Summe: 5300 g

5300 g Zucker : 800 l = **Säurewert 6,6 g/l**

3. Nun kann der Zuckergehalt berechnet werden:

Zucker aus Obstwein: 500 l x 2 g = 1.000 g
Zucker aus Apfelsaft: 300 l x 100 g = 30.000 g

1.000 g aus Most + 30.000 g aus Saft = 31.000 g vorhandener Zucker / Gesamtmenge von 800 Liter ergibt einen **Zuckergehalt von 38,8 g**

Sollte die sensorische Überprüfung ergeben, dass der Zider noch etwas süßer sein sollte, so kann dies mit der Zugabe von Zucker korrigiert werden.

Empfehlenswert wäre ein Vorversuch mit kleinen Mengen, welcher zusammengemischt, verkostet und bewertet wird. In diesem Fall 500 ml Obstwein plus 300 ml Apfelsaft.

Aufgrund des Verkostungsergebnisses kann das Mischungsverhältnis neu berechnet und korrigiert werden.

Füllvorbereitung

Aufschwefeln

Vor der Füllung ist der Gehalt an freier Schwefeliger Säure nochmals zu kontrollieren und gegebenenfalls zu korrigieren. Empfohlen wird ein SO_2-frei Gehalt von 40–45 mg/l der fertigen Mischung.

Zusatz von Sorbinsäure

Der Zusatz von Sorbinsäure vor der Füllung verhindert Nachgärungen in der Flasche recht sicher. Voraussetzung ist dabei ein Gehalt von mindestens 30 mg/l an Schwefeliger Säure und ein recht niedriger Keimgehalt im fertig gemischten Zider. Eine Entkeimungsfiltration vor der Füllung wäre empfehlenswert, zumindest ist die Feinfiltration Voraussetzung.

Sorbinsäure zeigt im sauren Milieu eine hemmende Wirkung auf Schimmelpilze und Hefen. Gegen Bakterien ist nahezu keine Wirkung festzustellen. Laut derzeit geltendem Recht ist der Zusatz von Sorbinsäure bis zu einem Gehalt von 200 mg/l erlaubt und wird vor allem bei restsüßen Obstweinen bzw. bei der Herstellung von Zider, zum Verhindern von Nachgärungen zugesetzt.

In der Getränketechnologie wird wegen der leichteren Handhabung und besseren Löslichkeit ausschließlich Kaliumsorbat, das Kaliumsalz der Sorbinsäure, verwendet. Es wird als Pulver dem fertigen Obstwein unmittelbar vor der Flaschenfüllung unter starkem Rühren beigesetzt.

Der festgelegte Höchstgehalt entspricht einer maximal zulässigen Zusatzmenge von 268 mg/l (26,8 g pro 100 Liter) Kaliumsorbat, das beim Auflösen 200 mg/l Sorbinsäure freigibt. Um eine zuverlässige Wirkung zu erreichen, empfiehlt es sich, die zulässige Höchstmenge auszunutzen. Voraussetzung für die keimhemmende Wirkung ist sauberes Arbeiten und eine Entkeimungsfiltration bei der Füllung. Damit die Sorbinsäure stabil bleibt, soll der Gehalt an freier Schwefeliger Säure nicht unter 30 mg/l sinken.

Bei sachgemäßer Anwendung von Sorbinsäure in Kombination mit einer kaltsterilen Flaschenfüllung kann auf eine Pasteurisation im Kammerpasteur nach der Füllung verzichtet werden.

Kühlung

Die nun fertige Mischung aus unserem Beispiel mit 4,5 % vol. Alkohol und einem Zuckergehalt von 39 g/l würde ohne Sorbinsäureeinsatz unweigerlich zu gären beginnen. Will man auf Sorbinsäure verzichten, so ist eine rasche Weiterverarbeitung sowie ein sofortiges Kühlen auf 0 °C notwendig. Gleichzeitig bildet die geringe Temperatur auch die Basis für eine erfolgreiche Karbonisierung.

HINWEIS!

Je kälter der Zider, desto mehr an Kohlensäure nimmt er auf.

Zur Kühlung können entweder Tanks mit Kühlmantel (Doppelmantel mit Kühlsole) oder eingesetzte Wärmetauscher verwendet werden. Bestehen diese technischen Möglichkeiten nicht, werden in der Praxis auch kalte Wintertage im Freien zur Kühlung genutzt.

Karbonisierung

Angestrebt wird bei Zider ein CO_2-Gehalt von 3–4 g/l. Dies entspricht einem Überdruck in der Flasche von ca. 1,5–2,0 bar bei 20 °C. Mit Fritten werden laut Hersteller maximal ca. 1,8 g/l CO_2 gelöst (bei ca. 0 °C).

Um einen spritzigen Zider herstellen zu können, sind spezielle Karbonisierungsgeräte notwendig. Das zur Auffrischung in der Obst- und Weinbereitung verwendete „Carbofresh"-Gerät ist in der Regel zu wenig, obwohl es keine gesetzliche Untergrenze für den Kohlensäuredruck gibt. Ein erhöhter CO_2-Gehalt führt zu frischeren lebendigeren Produkten. Für die Ziderproduktion gibt es ein spezielles „Carbofresh"-Gerät mit der Zusatzbezeichnung „deluxe", welches bis zu 11 g/l an CO_2 lösen kann.

Als Zwischenlager des angereicherten Ziders bis zur Füllung kann ein Drucktank, welcher nicht gänzlich vollgefüllt wird, dienen. Diese Ruhezeit des Ziders bis zur Füllung ist auch deshalb notwendig, damit Fremdgase in dieser Zeit aus dem Zider austreten können.

Flaschenfüllung

Um den Verlust an CO_2 und das damit verbundene Schäumen während der Füllung in Grenzen zu halten, ist die Temperatur, wie bei der Karbonisierung, auf 0 °C zu halten und die Verwendung eines Gegendruckfüllers unumgänglich. Nur so kann die eingebrachte Kohlensäure ohne Verluste in die Flasche geführt werden.

Kohlensäure-Druckmessung

Die Bestimmung der Kohlensäure durch Druckmessung erfolgt mittels Aphrometer (Spezialmanometer). Die ungeöffnete Flasche wird in einem Wasserbad auf 20 °C temperiert. Danach wird mit dem Manometerstachel der Verschluss der Flasche durchstochen. Der abgelesene Druck darf bei Zider 2,5 bar nicht überschreiten.

Pasteurisation

Durch den geringen Alkoholgehalt in Verbindung mit dem vorhandenen Restzucker ist die mikrobiologische Stabilität besonders gefährdet. Eine Pasteurisation der gefüllten und verschlossenen Flasche (65 °C, 10 min) mit einer Berieselungsanlage (Kammerpasteur) bringt hier die notwendige Sicherheit. In diesem Fall ist die Eiweißstabilität unbedingt vorher zu prüfen, da sonst bei der Pasteurisation Trübungen entstehen.

Lohnfüllung

Der technische Aufwand (Kühlung, Karbonisierungsgerät, Drucktank, Gegendruckfüller, Pasteurisation) für die Herstellung von Cider ist äußerst investitionsintensiv. Für den Kleinproduzenten bietet sich die Lohnfüllung als Alternative an. Sie ist die am öftesten genutzte Möglichkeit der Abfüllung. Je nach Betrieb sind Mindestmengen

Abbildung 35: Arbeitsschritte zur Herstellung von Cider

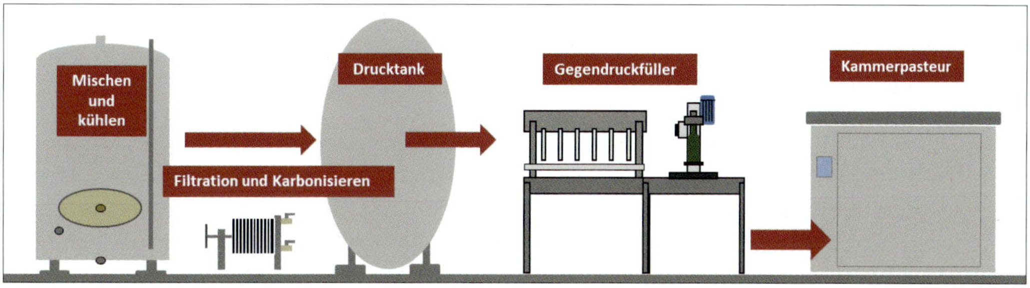

ab 200 Liter notwendig. Entkeimungsfiltration, Karbonisierung, Füllung und Etikettierung erfolgen in einem Arbeitsgang.

Karbonisierung mit dem Kleinkarbonisierungsgerät

Ein schon länger am Markt erhältliches Gerät, das bei Kleinproduzenten sehr beliebt ist, ist der „Carbonator“. Hier erfolgt die Anreicherung mit Kohlensäure (Karbonisierung) der bereits gefüllten Flasche. Dieser ist als ein- bzw. zweistelliges Gerät erhältlich. Die zuvor gefüllten Flaschen werden einzeln oder paarweise mit Kohlendioxid aus einem Druckzylinder gesättigt.

Wichtig ist, dass die Flaschen dem Druck standhalten können. Der Cider sollte eine Temperatur von ca. 4 °C bis 6 °C haben. Der Hersteller empfiehlt, einen geeigneten Vorwärmer zu verwenden, der mit dem Gerät kompatibel ist. Der Vorwärmer verhindert, dass das Gas an seinem Ausgang einfriert. Der Hersteller beschreibt die Arbeitsweise so: „Die Flaschen werden als gefüllter in das Imprägniergerät gestellt; Kugelhähne öffnen, das Gerät wenden, sodass der gefüllte Wein in die Vorratsbehälter umgefüllt wird und sich mit der vorgelegten Kohlensäure unter Druck zu vermischen. Im Gegenzug werden die bereits angereicherten Behälter wieder in die Flaschen gefüllt. Gefüllte Flaschen entnehmen und Verschließen.“

Neu am Markt ist der „Bottle Guard 150“. Es ist dies ein ein- bis sechsstelliger Gegendruckfüller. Der Zider muss davor schon karbonisiert sein. Die Abfüllung mit Gegendruck verhindert, dass CO_2 beim Füllen entweicht.

Alternativmethode für Kleinstmengen: das Druckmostfass (50 l)

Für den privaten Hausgebrauch, für Feste und Partys eignet sich das Druckmostfass, um Zider auf einfachste Weise zum sofortigen Genuss und Ausschank herzustellen. Das Grundprinzip besteht darin, dass die Gärung durch den Druckaufbau gestoppt bzw. gebremst wird.

Hefe wandelt den Zucker zu Alkohol unter Entstehung von CO_2 um. Ab einem Druck von ca. 6 bar wird die Gärung stark verlangsamt bzw. gestoppt. Nach dem Befüllen des Fasses mit frischem Presssaft wird dieser mit Reinzuchthefe in Gärung versetzt und das Fass nur mit einem Gärspund (Gärrohr) verschlossen. Bei Erreichung des gewünschten Vergärungsgrades (Alkohol- Zuckerverhält-

HINWEIS!

Mit einem Druckmostfass können Sie den Alkoholgehalt selbst bestimmen: Je kürzer das Fass nach dem Befüllen offen bleibt, desto weniger Gärung, desto niedriger der Alkoholgehalt.

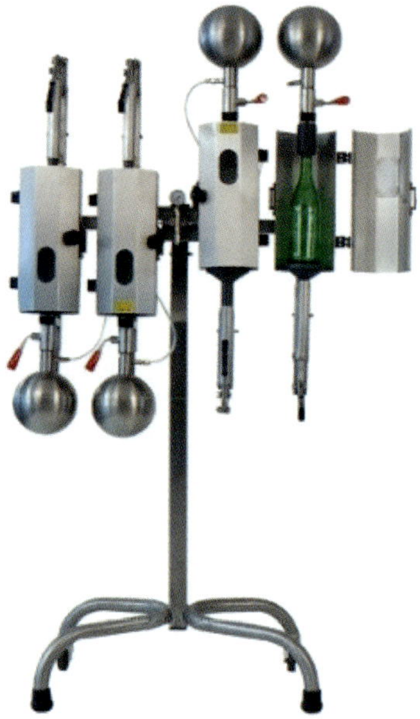

Imprägniergerät zur Anreicherung von Kohlensäure; Leistung: ca. 300 Flaschen / Stunde bei 0,75-Liter-Flaschen Foto: Sengl-Pridt

nisses) wird das Fass mit dem mitgelieferten Entnahmeventil verschlossen. Der durch die Gärung entstehende CO_2-Druck, stoppt bzw. verlangsamt die Gärung. Der so entstandene Zider kann über den Entnahmehahn gezapft werden. Genauso kann aber auch das Fass mit einem Druck von 8 bis 10 bar mit CO_2 aus einer Gasflasche plus Druckminderer überlagert werden.

Die Lagerung soll in einem vor Kinder unzugänglichen kühlen Raum erfolgen.

Im Druckmostfass entstehen Drücke bis 10 bar, ein Sicherheitsventil ist eingebaut. Die mit diesem hohen Druck verbundenen Gefahren müssen dem Benützer bewusst sein. Die beigelegte Gebrauchsanweisung ist unbedingt einzuhalten.

Druckmostfässer eigenen sich auch für die Lagerung von Zider. Das Produkt ist ohne Erhitzen und ohne Konservierungs- und Zusatzstoffe monatelang haltbar und lässt sich portionsweise zapfen.

Foto: Speidel Tank- und Behälterbau GmbH

Am Manometer lässt sich der Druck im Fass einfach ablesen.

Foto: Speidel Tank- und Behälterbau GmbH

Mit Druckmostfässern lässt sich Zider in gebrauchsfertigen Mengen einfach herstellen.

Foto: Speidel Tank- und Behälterbau GmbH

SÜSSMOSTBEREITUNG

ROHSTOFFAUSWAHL

Wie auch bei der Gärmostbereitung ist auf das Ausgangsmaterial besonderen Wert zu legen. Das Obst soll reif, jedoch nicht überreif sein.

Durch genaues Waschen wird nicht nur Schmutz beseitigt, sondern auch Schimmelpilze, die Giftstoffe bilden (z. B. Aflatoxine), werden entfernt. Angefaultes und schimmeliges Obst wird aussortiert.

Süßmost (=Fruchtsaft) enthält wertvolle Fruchtsäuren und unterschiedliche Zuckerarten. Die Harmonie des Fruchtsaftes hängt von diesem Säure-Zucker-Verhältnis ab.

Äpfel sind meist säurereicher – Birnensäfte enthalten mehr Fruchtzucker. Da eine erfrischende Wirkung erwünscht wird, eignen sich säurereichere Äpfel besser zur Süßmostbereitung.

SÜSSMOST ALS KURMITTEL

Reiner Apfelsaft wird auch als Kurmittel eingesetzt. Neben den wertvollen Inhaltsstoffen enthält vor allem naturtrüber Apfelsaft einen großen Anteil an Pektin. Pektine können im Darm Schadbakterien, Schadviren und Schadpilze binden, inaktivieren und ausscheiden.

Aber auch Cholesterin- und Blutfettwerte können durch den gezielten Einsatz von Süßmost reduziert werden. Durch schonende Behandlung und richtige Lagerung, müssen diese wertvollen Inhaltsstoffe und Eigenschaften erhalten werden.

HALTBARKEIT DURCH ERHITZUNG

Der frisch gepresste Saft kann innerhalb kürzester Zeit von Mikroorganismen (Pilze, Hefen, Bakterien etc.) befallen werden. Rasches Konservieren ist notwendig.

INFO!

Bei der Konservierung durch Erhitzen werden Mikroorganismen abgetötet.

Neben dem Einfrieren des Saftes kommt nur die Konservierung durch Erhitzung in Frage. Dadurch werden die Mikroorganismen abgetötet. Der Saft ist steril. Nur Sporen von Schimmelpilzen können eventuell überleben, wenn die Flasche nicht vollkommen gefüllt wurde und deshalb noch Sauerstoff vorhanden ist.

Die Pasteurisationstemperatur soll 78 °C betragen. Unter 70 °C beginnt der Saft wieder zu gären. Über 80 °C tritt ein leichter Kochgeschmack auf, auch wichtige Inhalts- und Aromastoffe erleiden eine Schädigung.

Je höher der Säuregehalt (über 7 g/l), desto leichter ist es, den Süßmost haltbar zu bekommen, da die Säure hemmend auf Mikroorganismen wirkt.

Süßmost mit geringem Säuregehalt (Birnensäfte) ist für den Schimmelpilz der Gattung *Mucor* anfällig. Er bildet, beginnend in der Flaschenmitte, wattebauschähnliche Fäden.

Das Einhalten der Pasteurisationstemperatur von 78 °C ist daher für die Haltbarkeit des Produktes von entscheidender Bedeutung.

Methoden der Safterhitzung

Ausschlaggebend für die Wahl wird die zu verarbeitende Presssaftmenge sein. Für

Abbildung 36: Vom Obst zum Süßmost

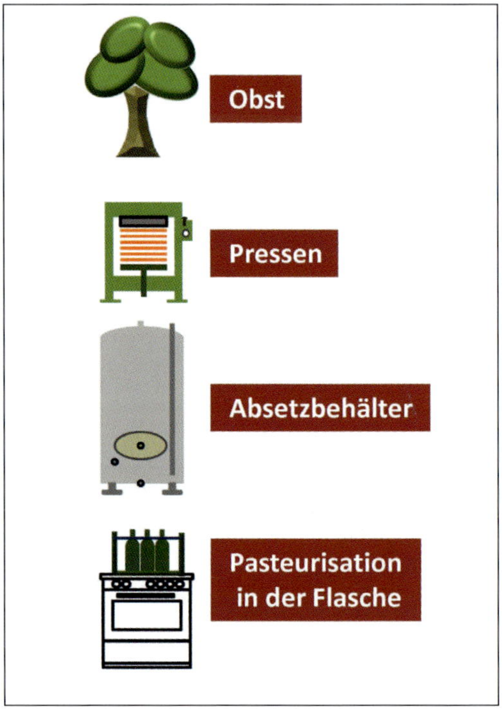

den Hausgebrauch eignet sich die Methode der Flaschenpasteurisation.

Flaschenpasteurisation

Für kleinere Mengen ist das Erhitzen der gefüllten Süßmostflasche im Wasserbad möglich. Der kalte Presssaft wird in saubere Flaschen gefüllt. Die Flaschen sollen das gleiche Volumen sowie die gleiche Höhe aufweisen.

Unverschlossen werden diese in das Wasserbad gestellt. Am Boden des Topfes muss ein Holzrost vorhanden sein, da die Flasche nicht direkt mit dem heißen Kesselboden in Berührung kommen darf. In einer der Flaschen, die möglichst in der Mitte des

Kessels stehen soll, wird ein Stabthermometer gegeben. Dieses soll die Temperatur der Flaschenmitte messen (mit Gummiring fixieren, damit es nicht zu tief in die Flasche einsinkt). Wird die Pasteurisationstemperatur von 78 °C erreicht, so wird die Flasche herausgenommen und verschlossen.

Pasteurisation mit Süßmostglocke oder Röhrenwärmetauscher

Die Süßmostglocke ist ein doppelmanteliges Gefäß. Sie wird in einem mit Wasser gefüllten großen Topf, Wasserkessel, Dämpfer oder elektrisch aufheizbaren Kessel eingehängt. Von einem Hochbehälter fließt der Süßmost durch die Glocke und erhitzt sich. Ein Thermometer an der Auslaufseite sowie ein Regulierhahn auf der Einlaufseite ermöglichen ein genaues Abstimmen auf die Pasteurisationstemperatur.

INFO!

In der Glocke oder im Röhrenwärmetauscher wird der Süßmost erhitzt.

Pasteurisation mit Plattenwärmetauscher

Für größere Mengen (150 Liter pro Stunde und mehr) eignet sich ein Plattenwärmetauscher. Diese sind in verschiedenen Größen und Leistungsstufen erhältlich.

Der Presssaft wird durch feine Kanäle geleitet. Im Gegenstromprinzip wird in einem benachbarten Kanal Heißwasser geleitet. Durch den engen Kontakt der Kanäle zueinander erwärmt sich der Süßmost. Durch die Fließgeschwindigkeit einerseits und die Wassertemperatur andererseits kann die Menge des zu pasteurisierenden Fruchtsaftes reguliert werden.

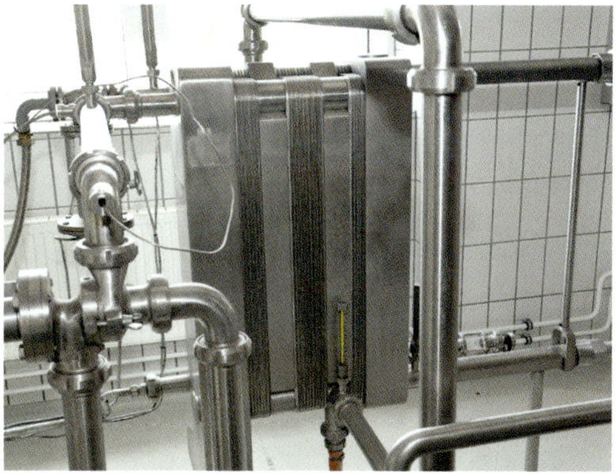

Plattenwärmetauscher

Röhrenpasteur

Kammerpasteur

Da für diese Art der Haltbarmachung ein großer Wärmebedarf notwendig ist, dient ein starker Heizungskessel mit Pufferspeicher als Wärmequelle. Auch transportable kompakte, kleinere Anlagen, die mit Gas beheizt werden und für den überbetrieblichen Einsatz gedacht sind, sind im Handel erhältlich.

Elektrisches Süßmostpasteurisierungsgerät

Dies ist eine Art Dampfdruckkochtopf mit eingebauter Durchlaufspirale. Der Süßmost fließt durch die eingebaute Spirale und erhitzt sich auf Pasteurisationstemperatur. Als zusätzliche Heizquelle kann eine Kochplatte oder ein Elektroherd dienen.

Tunnelpasteur

Die Flaschen werden mit dem kalten Saft gefüllt, im verschlossenen Zustand in die Überflutungskammer gebracht und so lange mit Heißwasser überbraust, bis die Temperatur in der Flasche etwa 78 °C erreicht hat. Danach erfolgt die Rückkühlung. Durch die Wärmeeinwirkung dehnt sich der Inhalt in der verschlossenen Flasche aus. Um Flaschenbruch zu verhindern, ist ein Freiraum beim Füllvorgang von ca. 3–4 % zu belassen. (siehe Abbildung auf Seite 129 – Kammerpasteur)

Elektrisches Süßmost-Pasteurisierungsgerät

VERSCHLIESSEN

Die Flaschen sind randvoll mit Saft zu füllen. Durch das Verschließen und Abkühlen entsteht im Inneren ein Vakuum. Zum Verschließen sind Kronenkorke, Gummikappen und Schraubverschlüsse am geeignetsten. Natur- und Presskorke können durch das entstehende Vakuum nach innen eingezogen werden.

INFO!

Durch Verschließen der noch heißen Flaschen entsteht beim Abkühlen im Inneren ein Vakuum.

Gummikappen sollten, bevor sie verwendet werden, gereinigt und in Heißwasser sterilisiert werden.

Kronenkorken brauchen vorher nicht sterilisiert werden, wenn man die Flasche sofort nach dem Verschließen umlegt oder stürzt, damit sich die eventuell vorhandenen Luftblasen durch den Saft bewegen und der heiße Saft den Innenteil des Korkes berührt.

Abkühlen

Nachdem der Saft auf 78 °C erhitzt, die Flasche verschlossen und gestürzt wurde, ist ein rasches Abkühlen zu empfehlen. Es genügt bereits, wenn die Flasche zum Abkühlen ins Freie gestellt wird. Durch eine rasche Abkühlung werden die Aromastoffe weniger geschädigt. Das früher übliche lange Warmhalten und Abdecken der Flaschen ist nicht anzuraten, es sei denn, die 78 °C Pasteurisationstemperatur wurde nicht erreicht. Dann kann durch eine lange Warmhaltephase eine Haltbarmachung erreicht werden (Aroma- und Geschmacksstoffe gehen aber verloren).

ARTEN DER SÜSSMOST-(FRUCHTSAFT-)BEREITUNG

Tabelle 12: Häusliche Süßmost- (Fruchtsaft-)bereitung

Wo?	Was?	Warum/Was geschieht dadurch?
Rohware	Nur gesundes, reifes Obst verwenden. Obst waschen und aussortieren	Nur aus einem gesunden, reifen und sauberen Material lässt sich ein gutes Endprodukt herstellen
Presse	Täglich reinigen, zügig arbeiten	Schonende Behandlung bei gleichzeitig geringem Trubanfall
Absetzbehälter	In einem kühlen Raum bleibt der Presssaft zwölf Stunden stehen	Trubbestandteile können sich am Fassboden absetzen
Süßmostglocke	Erhitzen auf 78 °C	Hefen und Keime werden abgetötet, sodass der Saft nicht mehr zu gären beginnen kann
Flasche	Gänzliches Befüllen von sauberen Flaschen	Durch den heißen Süßmost wird die Flascheninnenseite von allein entkeimt
Rückkühlung	Rasche Rückkühlung auf Zimmertemperatur	Geschmacks- und Aromastoffe bleiben erhalten

Durch das einfache Absetzen des größten Trubbestandanteiles von ca. zwölf Stunden ohne vorhergehender Kieselsol-Gelatine-Schönung, wird der Fruchtsaft nicht vollkommen blank.

Für den häuslichen Gebrauch ist diese Art der Haltbarmachung jedoch ausreichend. **Es muss aber damit gerechnet werden, dass sich am Flaschenboden durch die Lagerung ein Trubdepot bildet.**

Blanke Süßmost- (Fruchtsaft-)bereitung

Die Angaben in Tabelle 13 sind Standardangaben und beziehen sich immer auf 100 Liter. Bei Änderungen der Produktionsbedingungen können sich die Reihenfolge und die Aufwandmenge ändern.

Naturtrübe Süßmost- (Fruchtsaft-) bereitung

Siehe Seite 133.

Abbildung 37: Arbeitsschritte der blanken Süßmostbereitung

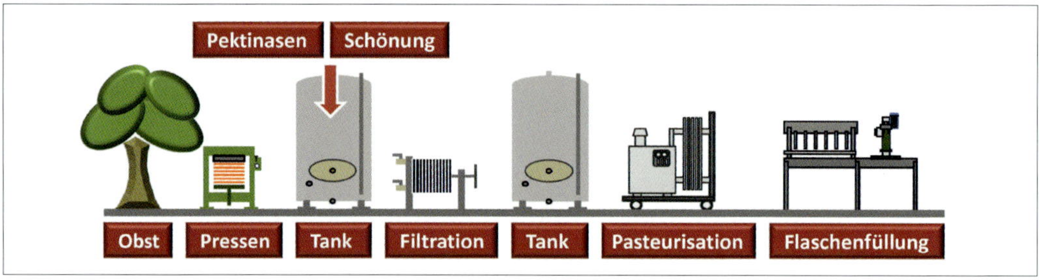

Tabelle 13: Blanke Süßmost- (Fruchtsaft-)bereitung*

Wo?	Was?	Warum/Was geschieht dadurch?
Rohware	Nur gesundes, reifes Obst verwenden. Obst waschen und aussortieren	Nur aus einem gesunden, reifen und sauberen Material lässt sich ein gutes Endprodukt herstellen
Presse	Täglich reinigen, zügig arbeiten	Schonende Behandlung bei gleichzeitig geringem Trubanfall
Absetzbehälter	**Zugabe von 20 ml eines flüssigen pektolytischen Enzyms bei 15 °C** Zwei Stunden warten **10 g Pulvergelatine oder 50 ml 20-prozentige Gelatine (z. B. Erbigel liquid)** 30 Minuten warten **100 ml eines 15-prozentigen Kieselsolpräparates** 30 Minuten warten **200 g Mischbentonit** Zwölf Stunden im Absetztank stehen lassen (Näheres, siehe „Schönung", Seite 61).	Pektine werden aufgespalten – der Trub kann sich schneller absetzen. Gut durchmischen. Trubbestandteile werden durch die Kieselsol-Gelatine-Schönung gebunden und zu Boden gerissen; Mindesttemperatur ist 10 °C; wenn diese nicht erreicht wird, muss der Pressaft erwärmt werden. Eiweiß wird gebunden und kann sich absetzen
Filter	Filtration mit Schichtenfilter	Mechanische Trennung
Pasteur	Erhitzen auf 78 °C	Hefen und Keime werden inaktiviert
Flasche	Abfüllen in saubere Flaschen und randvoll füllen	
Rückkühlung	Rasche Rückkühlung auf Zimmertemperatur	Geschmacks- und Aromastoffe bleiben erhalten

Abbildung 38: Arbeitsschritte der naturtrüben Süßmostbereitung

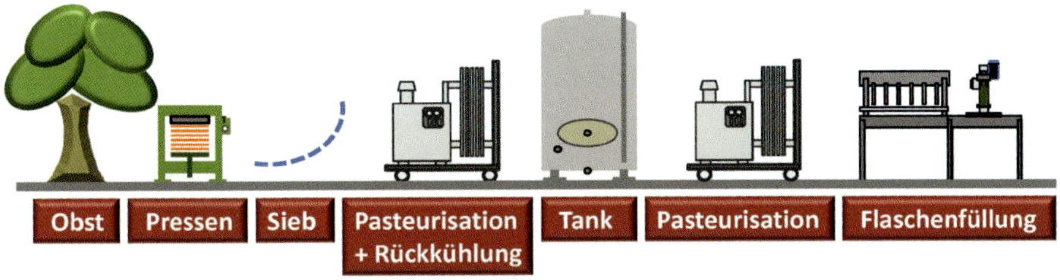

Tabelle 14: Naturtrübe Süßmost- (Fruchtsaft-)bereitung*

Wo?	Was?	Warum/Was geschieht dadurch?
Rohware	Nur gesundes, reifes Obst verwenden. Obst waschen und aussortieren	Nur aus einem gesunden, reifen und sauberen Material lässt sich ein gutes Endprodukt herstellen
Presse	Täglich reinigen, zügig arbeiten	Schonende Behandlung bei gleichzeitig geringem Trubanfall
Behandlung des Presssaftes sofort nach der Presse	Entfernung der groben Fruchtbestandteile aus dem Presssaft mit Sieb (1–1,5 mm Siebstärke)	Geringer Starktrubanfall, große Trubpartikel können nicht in Schwebe gehalten werden
	Sofortiges Erhitzen des Presssaftes auf mind. 78 °C	Fruchteigene Enzyme werden gehemmt, der Trub kann sich dadurch nicht absetzen
	Rasches Abkühlen	Geschmacks- und Aromastoffe werden geschont
Absetztank	Der erhitzte und wieder abgekühlte Presssaft bleibt zwölf Stunden im Absetztank	Schwere Trubbestandteile können sich noch absetzen
Pasteur	Erhitzen auf 78 °C	Hefen und Keime werden abgetötet
Flasche	Abfüllen in saubere Flaschen	
Rückkühlung	Rasche Rückkühlung auf Zimmertemperatur	Geschmacks- und Aromastoffe bleiben erhalten

* Diese Angaben sind Standardangaben und beziehen sich immer auf 100 Liter.
Bei Änderungen der Produktionsbedingungen können sich die Reihenfolge und die Aufwandmenge ändern.

Daheim im
Mostviertel
Natürlich
für Geniesser
Daheim im
Mostviertel
Speck
Birne
Birnenmost
mild
e 1L Alk. 6,5% vol
Erzeuger:
Mostland reg.Gen.mbH.
A-3311 Oberzeillern 126
www.mostland.at

BEGRIFFSERKLÄRUNGEN

Abstich
Ist das Umfüllen des Obstweines von einem Fass in ein anderes zwecks Trennung vom Hefedepot bzw. vom Schönungstrub oder um mikrobiologische Vorgänge zu unterbrechen.

Acetaldehyd
Ein unerwünschtes Gärnebenprodukt; es wird durch Schwefel gebunden.

Bakterieller Säureabbau
Abbau der Apfelsäure zur weniger „sauren" Milchsäure, wodurch die titrierbare Säure abnimmt. Verursacht durch Bakterien; dabei wird CO_2 frei.

Bentonit
Vermahlener Ton, welcher als Schönungsmittel zur Eiweißbindung verwendet wird.

Bentotest
Test, um Eiweiß im Getränk nachzuweisen.

Biet
Wanne unter dem Maischestoß, in der sich der auslaufende Saft sammelt.

Blankasit
15-prozentiges Kieselsolpräparat – für die Kombinationsschönung mit Gelatine.

Blaulauge
Die Konzentration der Blaulauge, ihre Normalität (N), ist auf die Probenmenge abgestimmt. Bei 10 ml Probe (entspricht der Null-Markierung beim Säuremesser) verwendet man die 2/15 N Blaulauge bzw. bei 25 ml Probe die 1/3 N Blaulauge.

CO_2-Imprägnierung
Anreicherung des Getränkes mit Kohlensäure, damit es spritzig und frischer wird.

Doppelsalzentsäurerung
Durch die Bindung von Wein- und Apfelsäure kann der Säuregehalt vermindert werden.

EK-Filtration
Entkeimungsfiltration, findet bei der Flaschenfüllung oder bei bakterienkranken Obstweinen Anwendung.

Entschleimung
Stehenlassen des Presssaftes von ca. zwölf Stunden, damit sich Trubbestandteile absetzen können. Danach wird ins Gärfass umgezogen. Die Gärung verläuft dadurch reintöniger, aber auch langsamer.

Enzyme
Stoffe, die in lebenden Zellen gebildet werden. Sie steuern z. B. die Verdauung und den

Stoffwechsel des Organismus. In der Obstverarbeitung werden Enzyme eingesetzt, die das Pektin zerlegen (= Pektinasen).

Erbigel liquid
20-prozentige flüssige Gelatine, welche hauptsächlich zur Klärschönung eingesetzt wird.

Essigsäure
Flüchtige Säure, welche hauptsächlich durch Bakterien, aber auch durch Hefen entsteht – unerwünscht.

Fermente
Produkte einer Fermentation, die durch bakterielle oder enzymatische Umwandlung organischer Stoffe entstehen (z. B. Säure, Gas, Alkohol).

Freie Schwefelige Säure
Ungebundener und somit aktiver Anteil des Schwefels im Getränk.

Gärspund
Verhindert, dass während der Gärung Sauerstoff in das Gärfass eindringen kann – andererseits ermöglicht er, dass die Gärgase entweichen können. Gefüllt wird er mit Alkohol oder mit Wasser (muss dann des Öfteren gewechselt werden).

Gebundene Schwefelige Säure
Anteil des Schwefels, welcher an Acetaldehyd und anderen Stoffen gebunden und somit inaktiv ist.

Gerbinol
15-prozentiges Kieselsolpräparat, das nur in Verbindung mit Gelatine eingesetzt werden kann. Gerbinol bindet besonders stark Gerbstoffe, so dass vor allem bei Birnenmosten dieses Mittel eingesetzt wird.

Gerbstoffe
Verursacher des herben Geschmackes. Der Gehalt bei Birnenmosten ist oftmals relativ hoch. Gerbstoffe können mit Eiweiß Verbindungen eingehen (weißer Bruch), die dann zu Trübungen führen können.

Gesamtschwefel
Ergibt sich aus freiem und gebundenem Schwefel. Gesetzlicher Grenzwert: 200 mg/l

Glycerin
Erwünschtes Gärnebenprodukt, verleiht dem Most Körper und Fülle.

Hefe
Einzellige Lebewesen – gehören zur Gruppe der Pilze, die durch Enzyme Zucker in Alkohol umwandeln (Verursacher der Gärung).

Histamin
Unerwünschtes Gärnebenprodukt; Verursacher von Kopfschmerzen.

Immervoll-Tank
Durch einen absenkbaren Tankdeckel kann das Fass „immer voll“ gehalten werden. Die Nachteile eines angebrochenen Fasses werden somit vermieden.

Impellerpumpe
Druckelastische Mostpumpe – für die Schichtenfiltration notwendig.

Kaltgärhefe
Reinzuchthefestamm, der auch bei geringen Temperaturen (bis 10 °C) noch Zucker in Alkohol umwandeln kann.

Kaltsterile Flaschenfüllung
Mostschädliche Hefen werden durch Entkeimungsfiltration entfernt. Die gesamte Anlage (Filter, Leitung, Füller) muss zuvor

desinfiziert werden – mit Dampf oder chemischen Desinfektionsmitteln auf Basis von Wasserstoffperoxid.

Kieselgur

Erdige graue Masse, die aus abgelagerten Kieselalgen gewonnen wird und als Filtermittel bei der Kieselgurfiltration dient.

Kieselsol

Wird als 15-prozentiges bzw. als 30-prozentiges Präparat in Kombination mit Gelatine als Schönungsmittel angewandt.

Mäuseln

Krankheit, die vor allem bei säurearmen unterschwefelten Obstweinen auftritt. Verursacher sind eine schleppende Gärung und eine Unterart von Milchsäurebakterien.

Nacalit

Ein Natrium-Calcium-Mischbentonit in granulierter Form; für die Schönung von Obstweinen geeignet.

Nachgärung

Unvergorener Restzucker beginnt bei Temperaturerhöhung, beispielsweise in der Flasche, nochmals zu gären. Der Most trübt sich ein und verändert seinen Geschmack – es bildet sich erneut ein Hefegeläger.

Nasskonservierung

Das Holzfass wird nach der Reinigung mit einer 0,05-prozentigen Schwefeligen Säure spundvoll gefüllt. Bis zur nächsten Verwendung bleibt das Holzfass konserviert – das allmonatliche Einschlagen mit Schwefelschnitten entfällt.

Oechsle Grade

Neben den „Graden Klosterneuburg" (°KMW) kann der Zuckergehalt des Presssaftes auch in Oechsle-Grade angegeben werden: °KMW x 5 = °Oe.

Oenotest

OENOS = Wein. Testreihe, um Inhaltsstoffe nachzuweisen (Pektin, Eiweiß etc.) bzw. um Schönungsreihen anzusetzen.

Oxidation

Durch Sauerstoff eintretende Bräunungen z. B. der Maische oder des Mostes.

Pektin

Kittsubstanz, welche die Zellen in den Früchten zusammenhält; bewirkt das Gelieren der Marmelade oder verhindert das Absetzen des Trubes im Presssaft – Pektin kann durch Enzyme abgebaut werden.

pH-Wert

Ein pH-Wert von 7 bedeutet „neutral", darüber laugenhaft und darunter sauer. Unser Most hat einen pH-Wert zwischen 3 und 4. Je niedriger der pH-Wert, desto haltbarer ist das Getränk.

Polyphenole

Gerbstoffe.

Refraktometer

Optisches Messinstrument zur Bestimmung der Zuckerkonzentration im Presssaft.

Schönung

Zugabe von Gelatine oder anderen Stoffen, um eine Klärung oder Bindung bestimmter Stoffe (Eiweiß, Geschmacksfehler) zu erreichen. Sowohl Schönungsmittel als auch der zu bindende Stoff findet sich im Schönungstrub wieder. Durch den Abzug vom Schönungstrub erfolgt die Trennung.

Süßreserve

Ist unvergorener Apfel- oder Birnensaft, welcher pasteurisiert und eingelagert wird, um dann dem Gärmost kurz vor der Flaschenfüllung bzw. Ausschank beigegeben zu werden, damit ein gewünschter Restzuckergehalt erzielt wird.

Stabilisierung

Durch Schönung, Schwefelung und Filtration wird versucht, den Most über lange Zeit haltbar zu machen.

Tannin

Anstelle von Kieselsol wurde früher Tannin in Kombination mit Gelatine verwendet; Tannin ist pulverförmig und hat die Fähigkeit, Gerbstoffe zu binden.

Umgärung

Ein mit einem Fehler behafteter Most (bakterienkranke Moste sind nicht geeignet) wird mit Süßmost vermischt und nochmals zur Gärung gebracht. Drei Teile Süßmost und ein Teil Gärmost. Geschmacksfehler können so abgeschwächt werden. Starke Geschmacksbeeinträchtigungen müssen zuvor mit Kohle geschmacksneutral behandelt werden.

Vorklären

Siehe Entschleimung.

Weingrünmachen

Bei neuen Holzfässern müssen die Gerbstoffe vor der ersten Füllung aus den Holzfasern gelaugt werden, da sich diese Gerbstoffe sonst im Obstwein lösen. Am besten geschieht dies mit Dampf oder mit speziellen Mitteln.

Zuckerrest (Restzucker)

Unvergorener Zucker im Gärmost – kann entweder bei der Gärung übrig geblieben sein oder durch eine Süßreserve nachträglich erzielt werden. Das Problem bei Restzuckermosten ist ihre fehlende Stabilität in der Flasche.

böhm
der
apfler

Foto: shutterstock.com/Anest

GESETZLICHE BESTIMMUNGEN

Österreich

In Österreich ist in jedem Bundesland eine Landwirtschaftskammer eingerichtet, die in den obstbaureichen Bundesländern sowohl über Obstbauberater als auch über eigene Berater für die Verarbeitung verfügt.

Landwirtschaftskammer Österreich
Schauflergasse 6, 1015 Wien
www.lko.at

Höhere Bundeslehranstalt und Bundesamt für Obst- und Weinbau
Wienerstraße 74, 3400 Klosterneuburg
www.weinobst.at

Schweiz

Für Verarbeitungsprofis ist die FAW Wädenswil erste Ansprechstelle. Aber auch Händler und Zubehörfirmen können über die vertretenen Produkte und auch zum Teil über Rechtsvorschriften Auskunft geben.

Agroscope FAW Wädenswil
Weinbauzentrum Wädenswil
Schlossgass 8, 8820 Wädenswil, Grünetal
www.weinbauzentrum.ch

Deutschland

In Deutschland werden aus den ehemaligen Ämtern mit kostenloser Beratung immer mehr Dienstleistungszentren, welche kostenpflichtige Beratungen anbieten. Dies ist mit ein Grund, dass es viele Händler von Zubehör für die Obstverarbeitung gibt, welche ein umfangreiches Beratungsprogramm anbieten.

Hochschule Geisenheim
Von-Lande-Straße 1, 65366 Geisenheim
www.hs-geisenheim.de

LVWO Weinsberg
Traubenplatz 5, 74189 Weinsberg
https://lvwo.landwirtschaft-bw.de/

DER WEG ZUM BIO-MOST

Auf europäischer Ebene gilt für die Bio-Mosterzeugung, wie auch für alle anderen Bioerzeugnisse, die Öko-Verordnung der europäischen Union (EU-Bio-Verordnung 2018/848). Sie gibt die Rahmenbedingungen vor. Generell gilt für Most: Das Obst muss zu 100 % aus biologischer Landwirtschaft stammen. Zudem ist seit 1. Juli 2012 das EU-Bio-Logo verpflichtend anzuführen. Sie finden diese Verordnung unter: https://eur-lex.europa.eu/eli/reg/2018/848/oj

Auf nationaler Ebene gibt es privatrechtliche Bio-Verbände (Demeter, Bioland, Naturland, Bio Austria, BioSuisse), die strengere Regelungen für ihre Mitglieder vorgeben können. Möchte man Bio-Most erzeugen, und diesen am Etikett auch so ausloben, so ist der Beitritt zu einem dieser Verbände empfehlenswert.

Für die Kontrolle der einzuhaltenden Regelungen stehen mehrere Kontrollverbände zur Auswahl. Für einen dieser Kontrollverbände hat man sich zu entscheiden, welcher dann jährlich den Produktionsablauf, Lagerung, Warenfluss, Aufzeichnungen, etc. kontrolliert.

Bei der Verarbeitung und Reinigung dürfen nur Mittel zum Einsatz kommen, die im Betriebsmittelkatalog (Positivliste) angeführt sind. Es gibt etwa im Vergleich zur konventionellen Produktion Einschränkungen bei Klärungsmitteln. Bei Lohnabfüllung ist darauf zu achten, dass der Lohnabfüller die Bio-Vorgaben erfüllen kann und es zu keiner Vermischung mit konventionellen Produkten kommen kann. Details dazu erfahren Sie bei Ihrer Bio-Kontrollstelle.

LITERATURVERZEICHNIS

Altmann, Hans und Arbeitsgemeinschaft: Kellerwirtschaft, Lern- und Arbeitsbuch für landw. Fachschulen, Österreichischer Agrarverlag, 2. Auflage, Wien 1982

Arauner, Paul/Veit, Martin: Kitzinger Weinbuch, Verlag Paul Arauner KG, Kitzingen/Main 1982/83

Arauner, Paul: Weine und Säfte, Liköre und Sekt selbstgemacht, Falken Verlag GmbH, Niederhausen/Tn. 1985

Das österr. Weingesetz: Bundesgesetz über den Verkehr mit Wein und Obstwein (Weingesetz 1985) vom 24. Oktober 1985

Das österr. Weingesetz, nach der Novelle 1991

Der Winzer; 41. Jahrgang, Oktober 1985: „Kaltsterilisation und kaltsteriles Weinabfüllen“

Dittrich, Helmut Hans: Mikrobiologie des Weines, Verlag Eugen Ulmer, Stuttgart 1977

Görtges: Der Deutsche Weinbau; Getränkelabor der Fa. Erbslöh GesmbH&Co: „Der pH-Wert des Weines“, 33/1984

Innerhofer, Georg: Das große Buch der Obstverarbeitung, Österreichischer Agrarverlag, Leopoldsdorf 2005

Innerhofer, Georg: Obstsäfte, Leopold Stocker Verlag, Graz 2007

Janovsky, Rudolf: Obstmost – Fruchtsäfte – Edelbrände, Agrarverlag, Wien 1987

Mitteilungen der Eidgenössischen Forschungsanstalt für Obst, Wein und Gartenbau, Wädenswill, Flugschrift Nr. 23: Die Erreichung der Säureharmonie von Weinen und Obstweinen

Pischl, Josef: Schnapsbrennen heute, Leopold Stocker Verlag, Graz 2008

Troost, Gerhard: Technologie des Weines, Verlag Eugen Ulmer, 7. Auflage, Stuttgart, 1981

Vötsch, Josef: Obstsäfte, Süß- und Gärmost, Ribiselwein, Leopold Stocker Verlag, Graz 1989

STICHWORTVERZEICHNIS

T

V

W

Z

TABELLENVERZEICHNIS

ABBILDUNGSVERZEICHNIS